Les Maoccidents
Un néoconservatisme à la française

DU MÊME AUTEUR

Leur jeunesse et la nôtre. L'espérance révolutionnaire au fil des générations, Stock, 2005.

Apprendre à vivre enfin. Entretien avec Jean Birnbaum, de Jacques Derrida, Galilée/Le Monde, 2005.

La laïcité : une question au présent, sous la direction de Jean Birnbaum et Frédéric Viguier, Éditions Cécile Defaut, 2006.

La Face visible de l'homme en noir, avec Raphaël Chevènement, Stock, 2006.

Hommes/femmes : quelle différence ?, sous la direction de Jean Birnbaum, Presses universitaires de Rennes, 2008.

Jean Birnbaum

Les Maoccidents

Un néoconservatisme à la française

Stock

Parti pris

Ouvrage édité par
Nicole Lapierre

ISBN 978-2-234-06347-1

*Pour Judith, ma femme, qui transmet
la vie comme elle porte le texte*

« *Aller de l'anarchie à l'"Action française" n'est pas se contredire, mais se construire.* »

André Malraux, préface à *Mademoiselle Monk*
de Charles Maurras, Stock, 1923.

« *"Occident", ce mot maudit…* »

Alain Badiou, *De quoi Sarkozy est-il le nom ?*,
Lignes, 2007.

« *Je choisis de mal comprendre, parce qu'ainsi, l'anachronisme devient prédiction. De telle sorte qu'on ne sait pas ce qui est le plus vrai, du contresens ou de sa rectification.* »

Jean-Claude Milner, *L'Arrogance du présent*,
Grasset, 2009.

LES MAÎTRES DU SILENCE

Longtemps, la Génération était demeurée muette. Je lui avais expédié un message avec, dedans, quelques questions : toi qui avais vingt ans en Mai 68, qu'as-tu fait de l'espérance ? Toi qui as tant reçu en héritage, d'où te vient cette répugnance à passer le témoin ? Toi qui célèbres ta jeunesse, pourquoi bloquer la nôtre ? Mais la Génération gardait le silence[1].

Et puis, un jour, la réponse a fini par arriver. J'avais rendez-vous avec un émissaire de la Génération. Contexte : j'entamai pour *Le Monde* une enquête sur les anciens militants de la Gauche prolétarienne (GP), principale organisation maoïste en France dans l'après-Mai 68. Né dans le sillage de la rébellion étudiante, ce groupe avait choisi de s'autodissoudre dès 1973, au moment où il commençait à flirter avec le terrorisme. Après cette période d'engagement marxiste-léniniste, certains dirigeants de la GP s'étaient tournés vers les textes métaphysiques et spirituels. Chacun à sa manière, ils étaient passés de Mao à saint Paul, ou de Mao à Moïse. Il s'agissait de comprendre pourquoi[2].

Ce matin-là, donc, Gérard Bobillier m'attend, tout de noir vêtu, au café des Phares, place de la Bastille, à Paris. C'est une belle journée de printemps. Sa mine fiévreuse, sa silhouette conspirative détonnent au milieu de l'allégresse touristique. Patron des éditions Verdier, fondées en 1979 avec d'autres « ex » de la GP, Bobillier a consenti à me rencontrer. Mais d'emblée, le dialogue se révèle difficile. Je l'ai contacté afin qu'il témoigne d'une trajectoire partagée, qu'il m'aide à saisir le fil rouge de cette destinée collective. Au lieu de cela, malaise. L'idée même de continuité le gêne : « C'est la cassure qui importe, pas le fil », murmure-t-il*.

Certes, Bobillier veut bien évoquer ses premières indignations politiques, au moment de la guerre d'Algérie, quand il avait quatorze ans. Et aussi ses

---

* Cet essai s'appuie pour partie sur des témoignages oraux. Au fil des pages, les paroles recueillies sont signalées par l'utilisation de simples guillemets. Lorsqu'il s'agit d'extraits de textes, la référence en est donnée dans les notes que l'on trouvera en fin d'ouvrage.

études à l'université de Besançon, où il reçut l'enseignement du linguiste Jean-Claude Milner, futur théoricien de la Gauche prolétarienne. Et enfin son intense relation avec Pierre Victor, alias Benny Lévy. Charismatique, porteur d'une hargne sacrée, ce normalien fut le chef de la Gauche prolétarienne avant de devenir le secrétaire de Sartre. Au cours de ce compagnonnage avec le philosophe existentialiste, il est peu à peu revenu à la Torah. En 2000, il a fondé l'Institut d'études lévinassiennes avec Bernard-Henri Lévy et Alain Finkielkraut, deux philosophes qui furent jadis des maoïstes occasionnels. Jusqu'à sa mort, à Jérusalem, en 2003, Benny Lévy a pu compter sur leur aide, et sur le soutien sans faille de Bobillier, son ange gardien : « Pendant trente-trois ans, on ne s'est pas quittés », insiste celui que ses camarades appellent « Bob ».

Avec réticence, ce dernier restitue quelques bribes du passé. Cependant, il ne faut pas trop lui en demander. Nous avons trente ans d'écart, cet homme pourrait être mon père, mais sa présence est rêche, sans générosité. Bien sûr, quand il parle de Benny Lévy, Bobillier a des étincelles plein les yeux. À la fin des années 1960, les dirigeants de la GP se distinguaient par leur goût de la chose militaire, par leur capacité à mener des actions musclées, notamment contre les fascistes du groupe Occident. Il s'agissait alors d'« allumer l'étincelle qui mettra le feu à la plaine », selon la formule de Mao : « Il y avait un côté mystique. Des étincelles, nous en avons allumé quelques-unes… », glisse Bobillier. Quarante ans plus tard, c'est l'alphabet hébraïque qui constitue pour lui l'unique brasier : « J'ai la certitude que, si cette étincelle qu'est l'étude de la lettre carrée venait à mourir, la notion d'espoir serait barrée. Le monde n'aurait plus de raison d'être », souffle-t-il.

Des étincelles, donc, Gérard Bobillier en a plein la bouche. Mais elles ne visent nullement à m'éclairer. L'ancien mao brouille les pistes, comme s'il voulait saboter notre échange. Il confie qu'il a grandi à Besançon, qu'il a perdu son père très tôt, que sa mère n'a jamais travaillé. Comment ont-ils vécu, alors ? « Très bien, merci », esquive-t-il. Il parle de Benny Lévy, de sa « clarté éblouissante », de la lumière qui baignait son visage depuis qu'il s'était plongé dans la Bible. Et, au temps de la GP, comment était-il ? « La seule grandeur de la Gauche prolétarienne, c'est son autodissolution », tranche Bobillier.

Les minutes filent, les choses ne s'arrangent pas. Et nous allons nous séparer lorsque, soudain, la parole se libère enfin. Cette fois, Bobillier me fixe droit dans les yeux. Surtout, sa voix se colore d'une douceur impitoyable : « Ce qui me frappe, jeune homme, c'est la haine que vous vouez à ma génération. Vous nous haïssez parce que nous avons eu des maîtres, parce que nous ne sommes pas devenus maîtres à notre tour. Heureusement, après vous, il y a des jeunes, des vrais. Eux ont tout oublié. Ils ne se souviennent même plus de la moindre brindille avec laquelle nous avons autrefois foutu le feu. »

Ce coup-ci, c'était clair. La Génération livrait son dernier mot, et c'était un mot d'ordre : circulez ! Il y avait, sur ses lèvres, une injonction : l'oubli. Et, dans son regard, ce rêve d'enfant gâté : avoir des maîtres mais pas de disciples, être instruit sans enseigner, quitter l'école et la boucler. Oui, tel est le fantasme de la cohorte 68 : avoir été non pas une génération parmi d'autres, même glorieuse, mais l'unique, l'ultime génération. Avec elle, la transmission est éprouvante. Qui veut recueillir son legs doit moins l'adorer que lui faire violence. Dans le brouhaha des commémorations (78, 88, 98…), dans le tintamarre des autocélébrations, on a beau dresser l'oreille, son enseignement demeure inaudible. Comme s'il y avait un malentendu ; comme si, surtout, sa leçon n'était pas celle qu'on croit. Pour découvrir la vérité de cet héritage, il faudra l'arracher au silence.

Au fil de mes rencontres avec les « ex » de la Gauche prolétarienne, ce silence m'est devenu familier. Guy Lardreau, par exemple, l'installait au cœur même de son discours. Quand je suis allé le voir chez lui, à Dijon, au printemps 2008, quelques semaines avant sa mort, il m'attendait au seuil de sa demeure, un hôtel particulier au bord du délabrement. Sans un mot, il me guida jusqu'à son cabinet de philosophe. Puis il disparut. Un bon moment, je restai seul devant son bureau. Autour, il y avait les œuvres complètes de Kant, Hegel et saint Thomas ; dessus, un vieux coupe-papier, quelques notes griffonnées. Et les Psaumes.

Lorsqu'il est réapparu, la conversation, ou plutôt le tête-à-tête, a commencé. Lardreau parlait doucement, pesant et repesant ses mots, avec le douloureux sourire de celui qui croit à leur puissance subversive. Au début des années 1970, ce normalien avait été l'un des fondateurs de la Gauche prolétarienne, coiffant à la fois le journal de l'organisation, *La Cause du peuple* (dont Sartre était directeur), et son secteur « cinéma » (où il côtoyait Jean-Luc Godard). À l'heure du désenchantement, Paris lui étant devenu insupportable, il s'était installé à Dijon pour enseigner en khâgne. Désormais hanté par l'Orient chrétien, Lardreau avait tenté de bâtir un système métaphysique complet, non seulement en maniant les concepts majuscules (le Monde, la Raison, le Réel...) mais aussi en puisant dans des genres apparemment mineurs, comme la science-fiction, le polar ou l'opérette.

Pleine de grâce, bouleversante, sa parole se déployait avec parcimonie. Il fallait tendre l'oreille, raccommoder pièce à pièce ce discours lacéré. Régulièrement, l'entretien demeurait suspendu en l'air. Lardreau prenait un air navré, commençant chaque phrase par une formule, toujours la même : « Si vous avez un peu de sympathie pour moi, je vous répondrais que... » Parfois, il laissait échapper un tutoiement : « Tu comprends ? » Mais l'échange était bloqué. Pour renouer le dialogue, je lui lançai la question qui tue : « Vous avez des enfants ? »

Cette question, je l'ai souvent posée. J'avais affaire à des intellectuels mâles : dans l'histoire du maoïsme français, les noms qui comptent sont presque tous normaliens et masculins. En tant qu'hommes, en tant que savants, ces personnes auraient pu faire de la filiation un souci. Il n'en était rien. Dès lors, j'avais senti que, par sa brutalité même, la question des enfants permettait de lever bien des résistances. Quelle que fût la réponse, elle secouait mes interlocuteurs et les tirait de leur aphasie. Pour perturber le dispositif narcissique de la Génération, il fallait remuer en elle l'angoisse de la transmission[3].

Peu à peu, j'ai compris que ce grand silence ne détermine pas seulement le rapport de la Génération avec ses cadets. Il structure aussi ses relations internes. On imagine souvent la génération 68 comme un tout arrogant et solidaire. C'est une erreur. Si ses membres ont encore des choses en commun (des souvenirs, quelques formules, parfois une conviction), ils partagent aussi une même solitude. Jean-Claude Milner a décrit les anciens gauchistes comme un bataillon de spectres rôdant à travers la cité en ruine. Lorsque par hasard elles se rencontrent, dit-il, ces ombres n'ont rien à se dire et « le silence, au mieux, règle leurs conversations ». La plupart éprouvent un sentiment de gâchis, tous sont obsédés par la trahison, tels sont les desperados du maoïsme français : « Leur nom et leur sort, nous les connaissons : Untel, délirant, Untel, encanaillé, Untel, bavard, Untel, abêti, Untel et Untel et Untel, muets ou sourds ou les deux, en tout cas, abandonnés de tous et d'eux-mêmes. Mais qui les énumérerait n'aurait rien fait de moins que de parcourir la génération tout entière[4]. »

Dans les pages qui suivent, justement, je compte en nommer quelques-uns, anonymes ou célèbres, nullement représentatifs mais emblématiques. On demandera alors : à quoi bon explorer ce paysage dévasté ? Réponse : parce qu'il forme notre décor commun, le lieu où se croisent les soulèvements d'hier et la guerre qui vient. Et encore : pourquoi reprendre langue avec cette petite troupe fantomatique ? Parce que ces puissants esprits incarnent l'intelligence française dans sa tradition la plus éruptive, la plus séduisante aussi, et parce qu'ils exercent aujourd'hui une influence dont il convient de dévoiler les effets.

Ce n'est pas facile : la Génération aime mettre des bâtons dans les roues. Selon sa doctrine, dont la puissance paranoïaque s'applique à tout, il n'y a que deux catégories d'individus : amis ou ennemis. C'est pourquoi elle fonctionne à l'intimidation. Elle qui est si péremptoire, elle qui collectionne les jugements définitifs, refuse qu'on élabore la moindre hypothèse à son sujet.

Je ne parle pas ici des célèbres renégats, ces anciens contestataires qui ont troqué l'action militante pour l'activisme mondain. Leurs itinéraires sont bien connus. Toute une littérature s'est spécialisée dans leur dénonciation : ils ont retourné leur veste, ils sont allés à la soupe, ils sont passés du col mao au Rotary… Il en va autrement de la Génération. La fidélité est tout ce qui lui reste. Ceux qui l'incarnent font peu de bruit. On les croise rarement dans les dîners en ville ou sur les plateaux de télévision. Disciplinée par la chose écrite, leur vie quotidienne reste proche de l'ascèse. Ils habitent des appartements fatigués, remplis de livres et de vieux papiers. Quand vous leur rendez visite, ils vous attendent sur le pas de la porte, avec un sourire de confesseur exaspéré. Ces hôtes-là n'offrent ni attention ni tendresse particulières. Au final, ils n'ont pas grand-chose à vous donner, pas même une référence bibliographique : ils ont tout lu et ne citent personne, surtout pas les vivants. Vous ne serez jamais leur élève, mais vous aurez peut-être la chance de devenir leur serviteur. Si la Génération n'a nul désir pédagogique, elle est mue par une violente pulsion de maîtrise.

Ce souci du pouvoir, elle l'engage tout entier dans l'amour de la langue. En cela aussi, elle n'a pas changé. L'argent ne l'intéresse guère, le marché lui donne la nausée, le partage droite/gauche est à ses yeux sans signification. Elle sait que les vrais enjeux sont ailleurs. Elle connaît la France, la puissance qu'exercent ici les mots, les idées. Si elle ne brigue aucun poste en particulier, c'est qu'elle vise le magistère universel. Elle n'a pas renoncé à gagner les cœurs, à conquérir les âmes, à unifier les consciences. Sa conviction est celle de tous les écrivains de combat : la guerre intellectuelle, la seule qui compte, est une bataille de longue durée. Point n'est besoin d'être nombreux, il suffit d'une bonne plume pour peser. Reste à savoir sur qui, pour quoi.

Les hommes de la Génération n'ont pas cessé de croire. Leur enthousiasme est intact, leur haine des nuances sans limites. Ce sont des êtres de rupture, ni modestes ni modérés. La foi qui les anime reste la même, elle se concentre au point brûlant où la politique et l'absolu ne font qu'un. Avec le temps, le lieu de cette ferveur s'est peu à peu déplacé, voilà tout. Hier, à l'époque des meetings et des barricades, la Cause s'était réfugiée en Orient, au cœur de la Chine, à Pékin exactement. Désormais, la Cause est revenue au bercail : elle s'appelle Occident. Ou « l'Ouest », comme dit le philosophe André Glucksmann.

Ce dernier résume bien les choses. À sa manière, à la fois marginale et spectaculaire. Marginale parce que, contrairement aux « ex » qui retiennent mon attention, à l'inverse d'un Guy Lardreau, d'un Jean-Claude Milner ou d'un Benny Lévy, Glucksmann n'a pas choisi de demeurer en retrait. Il ne fait pas partie de ceux que Bernard-Henri Lévy nomme les « imams cachés » de la Génération. Spectaculaire, néanmoins, car son destin énonce quelque chose de l'époque et de sa vérité : lors de l'élection présidentielle de 2007, au moment où les médias guettaient chaque ralliement au candidat Sarkozy, il fut le seul, parmi les grandes figures du gauchisme français, à se déclarer publiquement. À publier dans *Le Monde* un texte intitulé « Pourquoi je choisis Nicolas Sarkozy ». À participer, ensuite, à son grand meeting de campagne.

Deux ans plus tard, en avril 2009, Glucksmann se voyait remettre la Légion d'honneur par le président de la République. Ce jour-là, dans les salons de l'Élysée, Nicolas Sarkozy rendait hommage au « nouveau philosophe », le patron de la droite libérale décorait l'ancien militant de la Gauche prolétarienne, le partisan de la « rupture » honorait l'intellectuel formé à l'école de la révolution. Il le tutoyait publiquement, saluant ses engagements pour un monde libre et « contre tous les totalitarismes », louant aussi la franchise dont il faisait preuve à son égard. Surtout, il soulignait la qualité toute particulière de leur relation, d'autant plus intense qu'elle pouvait sembler improbable. Évoquant le caractère apparemment paradoxal de cette amitié, le président français ironisait : « Franchement, c'était pas écrit…[5] »

Ce faisant, il délimitait l'espace de notre tâche : par-delà l'anecdote politique, les péripéties partisanes, écrire le récit d'une souterraine camaraderie. Comprendre comment les maoïstes français sont passés du culte de l'Orient rouge à la défense de l'Occident. Raconter, en un mot, l'aventure des Maoccidents.

I

DE LA LUTTE DES CLASSES
À LA GUERRE DES ANGES

Le dispositif est familier, et pourtant quelque chose détonne par rapport aux meetings traditionnels. Certes, nous sommes rue des Écoles, à Paris, en plein Quartier latin. Comme dans toute réunion gauchiste digne de ce nom, la tribune est recouverte d'un tissu rouge et surmontée d'une sono crachotante – que l'exiguïté de la salle rend parfaitement inutile. Toujours selon l'usage, l'orateur se fait attendre. Lorsqu'il paraît enfin, avec ses immenses lunettes, son gilet à rayures et son pantalon de velours, chacun retient son souffle, le regard rivé sur ces longues mains juvéniles, qui n'en finissent plus de caresser le texte à proférer.

Jusqu'ici, rien que de très banal, dira-t-on. À ceci près que la scène ne se déroule pas en mai 1968, mais en décembre 2007, et que l'homme du jour s'appelle Jean-Claude Milner, soixante-six ans, brillant linguiste, ancien président du Collège international de philosophie, auteur d'essais au style implacable et suffocant. Il y a quarante ans, ce théoricien glacial intimidait ses camarades de la Gauche prolétarienne. Désormais, il enivre les fidèles de l'Institut d'études lévinassiennes. Depuis la mort de Benny Lévy, Milner a pris la place du Maître au sein du petit institut. Ce soir-là, du reste, le silence est impeccable quand, d'une voix souveraine et pincée, le grammairien énonce son sujet : « Sur les ruses de l'universel, études de cas : Mai 68 et le gauchisme. »

Une heure durant, Milner cite les bons auteurs (Lévi-Strauss, Foucault, Sartre) pour examiner la rencontre entre Mai 68 et le gauchisme français. D'un côté, explique-t-il, Mai 68 pose la question du présent : « Mai 68 dit : la révolution, c'est pas pour les autres, pour plus tard. C'est pour nous, ici, maintenant. » D'un autre côté, poursuit-il, le gauchisme redécouvre la question de l'« Histoire absolue », avec un grand « H ». À l'intersection des deux, il y a la Gauche prolétarienne : voulant conjuguer l'esprit de Mai avec la « révolution en soi », elle invente une politique de l'absolu. Or il n'y a nul hasard, conclut l'orateur, si l'épopée de la GP se confond avec les noms de Benny Lévy, de Robert Linhart, auteur d'un livre fameux intitulé *L'Établi*, ou encore de Pierre Goldman, insoumis et hors-la-loi assassiné en 1979 : « Moyennant la Gauche prolétarienne, tranche Milner, le gauchisme français est aussi une histoire juive. »

Est-ce une blague ? Dans l'assistance, en tout cas, personne ne rit. Au contraire, Jean-Claude Milner peut contempler la mine ravie de ses auditeurs, dont certains portent la kippa. Parmi eux, seule une poignée a connu l'époque des manifs et des batailles rangées, avant de vivre les lendemains qui déchantent, les petits matins glauques. Mais tous savent l'essentiel : quand l'espérance radicale s'effondre, ne demeure que le désir d'infini ; dès lors que l'Histoire manque à ses promesses, l'absolu se cherche un autre nom.

Mai 1968-mai 2008, de la politique à la spiritualité : dans la grande famille des maoïstes français, ils sont un certain nombre à avoir emprunté ce chemin. Qu'ils soient croyants ou qu'ils continuent de se dire athées, beaucoup sont passés d'une scène marxiste, où le mot qui compte est révolution, à une scène métaphysique, où l'on ne parle plus que de conversion. À l'arrivée, c'est le credo monothéiste qui constitue pour eux l'horizon vrai de la radicalité : de Mao à saint Paul, pour certains, comme les philosophes Guy Lardreau, Christian Jambet ou Alain Badiou ; et de Mao à Moïse, donc, pour d'autres.

Ou plutôt « de Moïse à Moïse en passant par Mao », comme le précisait Benny Lévy, qui aura incarné, mieux que quiconque, ce grand passage d'un absolu à l'autre. « Tôt, je rencontrai le Tout-Puissant. Dans le texte de Lénine, qui fut l'objet de ma première année à l'École normale supérieure : je mettais en fiches les trente-six tomes des *Œuvres de Moscou*[1] », écrivait-il. Né au Caire dans une famille de commerçants, élevé dans l'admiration de son grand frère communiste, qui a connu les geôles égyptiennes, Benny Lévy arrive à Paris en 1963, après un passage par le lycée français de Bruxelles. Il a dix-huit ans.

Malgré l'excellence scolaire, il demeure longtemps apatride : lorsqu'il réussit le concours de Normale sup, sa condition d'étranger le prive du statut de fonctionnaire, et le contraint longtemps à faire la queue, des journées entières, devant la préfecture de police. Pendant les journées de Mai 68, il doit rester caché. À l'automne, il joue un rôle crucial dans la fondation de la Gauche prolétarienne, dont il devient bientôt, sous le pseudonyme de « Pierre Victor », le chef incontesté. Toujours condamné à la clandestinité, le révolutionnaire donne ses rendez-vous près des usines Renault, dans de petits cafés arabes du bas Meudon ou de Boulogne, où il habite avec sa femme, sa mère et sa sœur, lesquelles assurent l'intendance.

Après la dissolution de la GP, en 1973, Benny Lévy devient le secrétaire personnel de Jean-Paul Sartre. Avec lui, il se tourne progressivement vers l'étude des textes juifs, délaissant les trente-six tomes de Lénine pour les vingt volumes du Talmud. « Sous les pavés, la plage ! » avaient lancé les insurgés de Mai 68. « Et si, sous les pavés de la politique, se cachait la plage de la théologie ? », rectifiait Benny Lévy en 2002 dans *Le Meurtre du Pasteur*[2]. Publié dans la collection « Figures », dirigée chez Grasset par Bernard-Henri Lévy, cet ouvrage est sous-titré « Critique de la vision politique du monde », comme pour affirmer le divorce de la politique et de l'absolu : non, tout n'est pas politique ; non, la condition humaine n'est pas un problème dont la politique représenterait la solution.

De cet amer constat, les enfants du maoïsme français ont payé le prix fort. Un quart de siècle avant *Le Meurtre du Pasteur*, un autre livre avait déjà dressé l'inventaire : publié dans la même collection, cosigné par deux autres « ex » de la GP, Guy Lardreau et

Christian Jambet, *L'Ange* avait paru en 1976, l'année où Mao mourait, au moment où s'affirmait un certain discours antitotalitaire. Et si l'on considère souvent cet essai comme le manifeste des « nouveaux philosophes », c'est que *L'Ange* disait adieu aux années militantes, venant clore pour de bon les « années 68 » : « Nous avions fait l'épreuve d'une conversion [...]. Nous croyions avoir touché le fond : savez-vous ces temps où tout vient à faire défaut, les nuits entières passées à pleurer à petit bruit, à petit flot, sur le passé sans remède [...]. Nous nous retirâmes au désert[3] », notaient Guy Lardreau et Christian Jambet, définissant le christianisme comme la plus grande révolution dans « l'histoire de l'âme ».

Tout ça pour ça ? Là où Mao martelait que « l'œil du paysan voit juste », s'agissait-il simplement d'affirmer, comme le faisaient les deux philosophes dans un pied de nez, que « l'œil du prêtre voit juste » ? Ce serait trop facile, répondait Guy Lardreau. Quelques semaines avant sa mort, il avait cherché à me convaincre que son itinéraire ne devait pas être caricaturé en régression dévote : « C'est cette idée qui a fait l'abominable succès de *L'Ange,* dont je me mords encore les doigts aujourd'hui, soupirait-il. Le malentendu était complet : on a lu le livre comme une espèce de jérémiade calotine, couvrant d'une dignité spirituelle un pur et simple retour au bercail. D'où la haine que la gauche, à juste titre, nous a vouée. D'où aussi la feinte affection dont la droite nous a (provisoirement, Dieu soit loué) accompagnés. »

La démarche de Lardreau n'avait rien à voir avec un quelconque retournement ; il s'agissait plutôt d'un déplacement au sein d'une même vocation, d'une même angoisse concernant l'absolu comme quête et comme impasse : « Ce que nous appelions "l'Ange", c'était le surhomme nietzschéen, une figure telle qu'elle fit dans l'histoire une rupture absolue, ajoutait-il. Pour moi, c'était très simple : j'avais investi une espérance maximale dans un domaine où elle s'était avérée mal placée. Alors il fallait essayer de comprendre ce que nous avions cherché, à partir du moment où cela ne s'épelait plus avec les mots du discours politique. »

Depuis sa rupture avec le maoïsme, Guy Lardreau avait opté pour l'étude du christianisme et de ses domaines orientaux, syriaque et copte. Un point d'aboutissement : « Après quoi je considère que mon périple est terminé, murmurait-il encore. Je ne peux pas aller plus loin. Si Dieu nous prête vie, il faudra reprendre de front cette question : pourquoi n'y a-t-il de l'Ange que sa face perdue ? » Lui-même élevé dans la tradition catholique, le philosophe avait renoué un lien de plus en plus fort avec « une certaine forme de rigueur qu'on appelle la théologie ». Et avec la prière ? « Je vous répondrai comme Jésus : je ne sais pas ce que c'est que prier. Vous êtes bien suffisant, en disant "prier"… », esquivait-il dans un douloureux sourire.

Entendant ces mots, je me suis souvenu d'une autre conversation. Quelques années plus tôt, le coauteur de *L'Ange*, Christian Jambet, m'avait accueilli chez lui, dans le XVIe arrondissement de Paris. Ensemble, nous avions évoqué sa trajectoire de pensée, qui l'avait mené de la Chine rouge à l'Orient chiite, et de la politique maoïste à l'étude des messianismes dans le monde musulman. Après trois heures de discussion à bâtons rompus, je lui avais demandé s'il croyait en Dieu. Pour se tirer d'affaire, lui aussi avait emprunté un chemin détourné : « Je ne connais que trois personnages dont je suis sûr qu'ils ont été athées : Napoléon, Lénine et Freud. »

Avec *L'Ange*, Lardreau et Jambet puisaient dans la tradition religieuse pour tenter de comprendre leur propre échec : ils avaient vécu le maoïsme comme un engagement millénariste, visant à hâter l'avènement de la justice sur Terre. À présent, ils voulaient en tirer les leçons en se confrontant à l'héritage légué par les religions du Livre. Et tandis que Lardreau choisissait d'explorer la spiritualité chrétienne, Jambet apprenait le persan afin de se plonger dans l'étude des mouvements extrêmes en islam chiite – élan messianique et révolte gnostique. Pour lui, de Mao à Mahomet, et de la révolution culturelle à l'insurrection spirituelle, c'était la même soif de justice, la même quête d'une politique absolue, qui serait venue casser en deux l'histoire du monde.

Voici donc un principe de fidélité. Du début à la fin, les maoïstes français ont embrassé une espérance radicale, vécue avec l'ardeur des croyants : pour briser le cours ordinaire des choses, il fallait une inspiration collective, une ascèse individuelle. Leurs gestes s'accomplissaient sur fond de mobilisation messianique : chaque initiative devait accélérer le temps, provoquer le miracle d'une infinie liberté. Dans leur langage, le mot émancipation n'avait pas d'autre sens. L'engagement était une entreprise de salut. La révolution, un acte spirituel.

On comprend qu'au début ces esprits exaltés n'aient pas vraiment pris Mai 68 au sérieux. À leurs yeux, la révolte étudiante n'avait guère de valeur. Réformer l'Université ? Libérer la sexualité ? Comparées au programme maoïste, de telles revendications avaient quelque chose de profane, d'immédiatement accessible, donc de vulgaire. Les révoltés de Mai voulaient « changer la vie ». Les gardes rouges, eux, souhaitaient bouleverser l'essence de l'homme. Pour que les premiers commencent à intéresser les seconds, il fallait que leurs illusions se trouvent ruinées. Alors les uns et les autres pouvaient converger vers un seul et même espace : celui où l'impossible désigne la vérité du politique.

II

MAI 68, UNE « DIVINE SURPRISE »

Paris s'embrase, et lui n'en croit pas ses yeux. Un peu partout, les barricades se dressent, et Jean-Claude Milner tombe des nues. En ces jours de mai 1968, il est pourtant aux premières loges, lui qui habite juste derrière la rue des Écoles, au cœur du Quartier latin. Mais rien n'y fait : le grammairien de vingt-sept ans assiste à l'insurrection en spectateur.

Deux raisons expliquent sa perplexité. D'abord, Milner revient des États-Unis, où il est allé étudier auprès du linguiste Noam Chomsky ; là-bas, il a été très impressionné par les mobilisations contre la guerre du Viêtnam, et il est rentré en France avec la certitude que plus rien d'intéressant ne pouvait s'y passer. Ensuite, ce militant maoïste croit si fort à la révolution prolétarienne qu'il est incapable de prendre au sérieux la rébellion des étudiants. Comment penser que leurs revendications libertaires et féministes puissent être autre chose que petites-bourgeoises, voire réactionnaires ? « Pendant les premiers jours, je n'y comprenais rien, confie Milner aujourd'hui. Je raisonnais de la façon marxiste-léniniste la plus sotte. J'ai vécu Mai 68 comme une contradiction directe avec tout ce que je pensais. »

Certes, dans la Sorbonne occupée, le jeune normalien peut encore s'en remettre à ses auteurs préférés : « Le premier soir, je regarde, je me dis : "Bon, raccroche-toi à la Révolution française, à Michelet…" » Mais quand, à deux pas de l'université, il arrive enfin au théâtre de l'Odéon, haut lieu de la Commune estudiantine, les grands classiques ne lui sont plus d'aucun secours. « Les loges bondées, la parole qui circule librement… Là, vraiment, ça n'a plus rien à voir avec ce que je peux intégrer. Je me souviens de la phrase prononcée par le comédien américain Julian Beck, animateur du Living Theatre : "Ce que je vois ce soir, c'est la plus belle chose que j'aie jamais vue dans un théâtre." Le malheureux ne s'en est jamais remis, et moi, aujourd'hui encore, je cherche à comprendre ce qu'il voulait dire », souffle le linguiste.

Comme Milner, la plupart des jeunes maos qui s'apprêtent à fonder la Gauche prolétarienne, à l'automne, ont loupé le coche de Mai. Il faut souligner le paradoxe : eux qui finiront par incarner, dans l'imaginaire collectif, la « Génération 68 », sont en fait passés à côté. « En tant que marxistes, nous saisissions mal ce qui arrivait, confirmait Guy Lardreau. Car le mouvement de Mai n'est pas né parmi les ouvriers, et ce n'est pas non plus d'eux qu'est venu le meilleur, ce qu'il y avait de plus inventif... » Or ce qui est en cause, dans un tel fiasco, c'est une certaine relation au monde, à la fois érudite et abstraite. Et qui veut comprendre ce rapport au réel doit faire halte rue d'Ulm, dans le microcosme normalien où éclôt le maoïsme à la française : « C'est un moment très particulier de l'École normale, explique Bernard-Henri Lévy. Avant, c'était l'abbaye de Thélème. Plus tard, ça deviendra un lieu de bachotage. Mais là, pendant cinq ou six années, c'est un laboratoire de la révolution, qui va faire l'expérience de son impossibilité. »

Depuis le milieu des années 1960, le philosophe Louis Althusser règne sur Normale sup. Il y enseigne un marxisme rajeuni par la doctrine chinoise, qu'il juge plus riche que le dogme soviétique, et moins conciliante que le communisme italien. À ses disciples, il transmet un violent complexe de supériorité.

Et surtout cette double certitude qui ne facilite guère la vie : d'une part, les concepts peuvent renverser des montagnes ; d'autre part, le monde est hors de portée. « La grande idée qui irrigue cette génération est liée au pessimisme historique d'Althusser, précise Bernard-Henri Lévy. On pourrait la formuler ainsi : aussi ardemment qu'une âme tente de sortir d'elle-même, elle ne rencontre jamais le réel. »

Cette philosophie, la jeunesse rebelle qui peuple les khâgnes l'envisage comme la vraie pensée révolutionnaire. Dans son esprit, le seul nom d'Althusser suffit à déterminer une vocation : « Intégrer la rue d'Ulm nous était un devoir, car le "caïman" [préparateur à l'agrégation] s'appelait Althusser, confiait Lardreau, ancien élève au lycée Louis-le-Grand, à Paris. Personnellement, la vie telle qu'elle va me paraissait dégoûtante. Qu'il y ait de la différence, de l'injustice, m'était insupportable. La voie naturelle d'un jeune comme moi, c'était d'entrer à Normale et d'être payé pendant quatre ans pour apprendre le marxisme-léninisme. »

Aux élèves d'Althusser, deux chemins s'ouvrent alors, représentés par deux revues : le sentier proprement maoïste est celui des *Cahiers marxistes-léninistes* ; une piste encore plus théorique s'offre du côté des *Cahiers pour l'analyse*, tournés vers le psychanalyste

Jacques Lacan, dont le séminaire se tient rue d'Ulm de 1964 à 1969. Qu'allaient donc y chercher ces révoltés ? « Au fond, ils pensaient que Mao était à Lénine ce que Lacan était à Freud, répond Alain Badiou, qui appartenait au comité de rédaction de la revue. Sous l'impulsion de Mai 68, ils se sont projetés dans le maoïsme via cette puissante analogie : de même qu'il y avait une psychanalyse américaine sclérosée, que Lacan était venu dénoncer, de même il existait un léninisme soviétique ossifié, dont Mao avait interrompu le cours. »

De Lacan, les maos héritent également cette option stylistique : une prédilection pour les énoncés percutants. Là où d'autres gauchistes étalent leur érudition en matière de « matérialisme scientifique », les partisans de la GP se contentent du seul Petit Livre rouge. À la manière de Lacan, ils veulent frapper les esprits en lançant quelques formules lapidaires : « La femme n'existe pas » « Il n'y a pas de rapport sexuel », tranche le psychanalyste en de mémorables sentences. « Rejetez vos illusions, préparez-vous à la lutte ! » « On demande où est la bourgeoisie ? La bourgeoisie est dans le Parti communiste ! », martèlent ses émules de la rue d'Ulm.

Las ! Ni la psychanalyse lacanienne ni le marxisme althussérien ne fournissent aux jeunes « gardes rouges » les outils propres à saisir la nouveauté du « moment » 68. Au contraire, cet appareillage théorique les rend aveugles à l'inédit de l'époque. En mai 1968, Jacques-Alain Miller a vingt-quatre ans. Il n'est pas encore psychanalyste, et n'a pas encore épousé la fille de Lacan. Comme Jean-Claude Milner, dont il est proche à Normale sup, sa rébellion se déploie à l'horizon de 1789 : « Mes choix se sont arrêtés quand j'avais treize ans, dit-il. Le monde tel qu'il est, la duperie des pauvres par les riches, tout cela me révoltait naturellement. Je m'identifiais fortement à l'histoire nationale, à commencer par la Révolution française et ses tendances extrémistes. J'étais déjà, comme aujourd'hui, partisan d'une politique théorique radicale, robespierriste. »

Au milieu des années 1960, pourtant, la France s'ennuie, et les maos parisiens ne prévoient rien d'extraordinaire : « D'où l'effet de surprise quand survient Mai 68, se souvient encore Miller. Pendant les premiers jours, je ne comprends rien à ce qui se passe. Milner et moi sommes perdus dans la préparation d'un numéro des *Cahiers pour l'analyse* consacré à la "formalisation logique". Quand on sort de chez moi, on traverse la rue de Buci, un mouchoir sur le nez, sans vraiment prêter attention aux gaz lacrymogènes. »

Lorsqu'ils prennent enfin la mesure des événements, les jeunes maos basculent soudain de l'indifférence à la ferveur. Leur chef clandestin, Benny Lévy, ira plus tard jusqu'à parler de Mai 68 comme d'une « divine surprise », reprenant un mot célèbre du royaliste Charles Maurras, saluant en 1940 l'accession au pouvoir du maréchal Pétain[1]. Ainsi, la Gauche prolétarienne a d'autant plus à cœur de prolonger le miracle de Mai que ses fondateurs l'ont traversé en n'y voyant que du feu : « La GP a rassemblé des gens qui voulaient continuer. Pour moi, le critère était simple : il y avait ceux qui partaient en vacances et ceux qui restaient », se souvient Miller, qui enseigne alors à la fac de Besançon, et qui demande à son copain Milner de le rejoindre pour faire le tour des usines dans la région.

Cette opération de rattrapage, les maos la mènent tambour battant, avec la radicalité systématique sans laquelle il n'y a pas, en France, d'intellectuels dignes de ce nom. Ce faisant, les « Chinois » de la rue d'Ulm s'inscrivaient dans une tradition intellectuelle toute nationale. Ici, c'est Sartre qui donne le ton, comme le précise Alain Badiou : « La France, c'est la théorie du sujet. La France cartésienne, la France sartrienne, c'est un pays où la question politique est liée à une spéculation sur le sujet, en particulier sur l'engagement des intellectuels. Dès lors que vous mélangez le maoïsme à l'existentialisme sartrien, vous produisez une position militante qui ne se rencontre nulle part ailleurs : le maoïsme français avec sa forme hypertendue, qui en fait ressortir la subjectivité en partie aberrante, et la dimension religieuse. »

Voici donc une figure typiquement française : le normalien lacano-maoïste. Si ce militant se lance dans un activisme concret, qui le mènera parfois en prison, voire au seuil du terrorisme, son rapport au quotidien n'en demeure pas moins filtré par un enthousiasme ultraspéculatif. Quitte à nier l'évidence : « Il suffit de jeter un œil sur notre journal de l'époque, *La Cause du peuple*, pour voir que nous entretenions un rapport détraqué au réel, admet Jacques-Alain Miller. Nos slogans n'avaient aucun lien avec ce que nous constations sur le terrain. Quand nos enquêtes prouvaient qu'il n'y avait pas de perspective révolutionnaire à court terme, Benny Lévy les condamnait comme "défaitistes". Et il suffisait qu'un petit chef se fasse casser la gueule dans une usine pour qu'on proclame la révolte généralisée. À la GP, 2 + 2 ne faisaient pas 4, mais 100.

Certains croyaient que nous pouvions mettre le pays à feu et à sang. C'était un pur acte de foi. »

Éclairer le monde, dans l'esprit du jeune mao, c'est projeter sur lui les lumières du programme. La méthode consiste à court-circuiter le réel, à passer outre : « Lacan nous avait appris que le désir est irréparable, résumait Guy Lardreau. "Il y a un au-delà de la demande", telle était sa thèse de fond. Nous la rapprochions de celle d'Althusser : "Il y a un au-delà de l'opinion." Nous avons essayé de tenir ensemble ces deux "au-delà". » Pour la petite troupe, voilà l'horizon : malgré tout, maintenir la perspective d'un certain « au-delà ». Au-delà du monde présent, de ses inégalités, de sa division.

Sur les marchés et à la porte des usines, les maos jettent toutes leurs forces dans un effort désespéré pour perpétuer le prodige de Mai. Pour maintenir vivante, surtout, ce qu'ils considèrent comme sa véritable signification : « Mai 68 n'est pas réductible à l'épisode des barricades au Quartier latin, assure l'éditeur Jean-Pierre Barou, ex-mao lui aussi. C'est un instant de communion, dont la vérité se joue dans les années 1970. Qu'on appelle cela "unité des consciences", selon la formule de Sartre, ou "karma", comme disent les bouddhistes, peu importe. L'essentiel est là, dans l'ordre de l'invisible, dans cet "au-delà" de la lutte des classes et de l'histoire. »

Emballement idéologique, rage conceptuelle, extase métaphysique : chez les maos de Normale sup, tout est réuni pour que la politique finisse en mystique. Le regard tendu vers un grand soleil chinois dont ils ignorent à peu près tout, sauf ce que leur en dit le bulletin de propagande *Pékin Information*, ces brillants esprits agitent la bonne parole de Mao comme d'autres brandissent les textes saints. Nourris des *Écrits militaires* du Grand Timonier, ils envisagent bientôt le territoire français comme un ensemble de « zones » à libérer, les unes après les autres, jusqu'à la victoire finale. « Pour nous, toute décision militaire était une décision spirituelle, prévenait Guy Lardreau. Autrement dit, quelque chose qui devait provoquer une modification dans les esprits, aménager un autre espace de vie. Ce n'était pas de la frime. Nous n'avions pas zéro arme. Nous en avions plus que les Brigades rouges italiennes, ou que la Fraction armée rouge allemande, avec lesquelles nous étions d'ailleurs en contact direct. Nous étions bien plus puissants qu'elles, et les services secrets français le savaient parfaitement. »

Au lendemain de Mai 68, l'ardeur des jeunes maos semble d'autant plus frénétique qu'ils sont convaincus d'être aux portes du pouvoir. Tout est possible, il suffit de vouloir. Et pour y parvenir, les surdoués de la GP disposent de deux atouts non négligeables : le courage et la ferveur. « Certains d'entre eux étaient intégristes, assure l'intellectuel égyptien Bahgat Elnadi, alter ego d'Adel Rifaat, le frère de Benny Lévy converti à l'islam. Je me souviens d'une discussion sur Lin Biao [symbole de la "Révolution culturelle" chinoise] qui avait dit un jour : "Même si on ne la comprend pas, il faut appliquer la pensée de Mao." Nous avons été étonnés de constater qu'à la Gauche prolétarienne, certains étaient d'accord avec ça. Le Petit Livre rouge, pour eux, c'était un peu le Coran… »

III

DES « CURÉS ROUGES » À BILLANCOURT

Le 28 mai 1968, à Paris, une affiche est placardée sur les murs du Quartier latin. Elle reproduit un article paru le jour même dans le journal *Combat*, fondé naguère par Albert Camus. L'article est signé Maurice Clavel (1920-1979). Ancien maurrassien, désormais gaulliste frondeur et gauchiste chrétien, le philosophe y livre une interprétation métaphysique du soulèvement en cours : « Cette révolution est d'abord spirituelle. L'esprit se venge. Il était temps. L'espoir est là. Étudiants, jeunes ouvriers l'ont en charge [...] cela irradie. Cela gagne. Il ne faut pas en avoir peur plus que du sacré. » Par la suite, ce compagnon de route du maoïsme français ira jusqu'à proclamer : « Mai confirma Dieu. Oui, une Pentecôte

de l'Église invisible. Il y eut un grand vent et les portes claquèrent[1]. »

Ce souffle prodigieux porte un nom : unité. Que
la jeunesse étudiante s'insurge, qu'elle réclame le
droit au savoir et la liberté de jouir, quoi de plus
attendu ? Que les ouvriers se mettent en grève, qu'ils
protestent contre leurs conditions de travail, rien de
bien étonnant ! Le véritable événement est ailleurs :
dans la fusion des deux révoltes. Ensemble, tout
devient possible : quarante ans avant la provocation
sarkozyste, Mai 68 affirme l'urgence d'en finir avec
ce qui sépare. « La grandeur du Mai français, c'est de
dire que le couple dominant/dominé ne vaut plus,
assure Jean-Claude Milner. Au XVIIe siècle, à propos
de la Fronde, le cardinal de Retz déclarait : "Le peuple entra dans le sanctuaire : il souleva le voile…"
Mai 68, c'est cela : pendant quelques jours, le peuple
a soulevé le voile. »

Milner appartient à la poignée de militants qui
jettent les bases de la Gauche prolétarienne. Quelles
que soient leurs origines, tous partagent un même
espoir : prolonger la grâce de Mai, empêcher que le
voile ne retombe. Ils volent des tickets, organisent
le passage gratuit dans le métro. Le 8 mai 1970, ils
dévalisent l'épicerie de luxe Fauchon, place de la
Madeleine, à Paris, avant d'aller distribuer blocs de

foie gras et boîtes de caviar dans un foyer de travailleurs africains. Quelques jours plus tard, au cours du procès auquel donne lieu cette spectaculaire opération, le procureur de la République décrit la Gauche prolétarienne comme une « conférence de Saint-Vincent-de-Paul musclée[2] »...

L'essentiel, c'est de faire en sorte qu'il n'y ait plus ni « passifs » ni « actifs ». Dans *La Cause du peuple*, le journal de la GP, une obsession revient sans cesse, directement inspirée de la « Révolution culturelle » chinoise : maintenir le monde sens dessus dessous, c'est lutter contre le clivage entre travail manuel et travail intellectuel, surmonter la division entre ceux qui triment et ceux qui pensent. Comment faire, donc, pour éviter que la division triomphe à nouveau ? pour qu'étudiants et ouvriers continuent de se donner la réplique, voire d'échanger les rôles ?

D'abord perpétuer le lien entre Quartier latin et quartiers populaires, en renforçant les contacts sur le terrain : « Celui qui n'a pas enquêté n'a pas droit à la parole », scandent les militants en reprenant une formule de Mao. À cette tâche d'investigation, les reporters de *La Cause du peuple* vont s'atteler corps et âme : « La foi, ce n'est pas une règle, ça doit se vivre comme un don de soi, témoigne Jean-Pierre Barou, fils d'ouvrier, lui-même élevé dans la tradition catholique, et qui multiplie alors les enquêtes en Bretagne. À l'époque, je deviens une sorte de moine mendiant. Je perds la femme avec laquelle je vis, la fille que j'ai eue d'elle aussi, et j'inscris la tragédie du prolétariat dans ma chair. À Fougères, une ouvrière m'a demandé : "Pour gagner sa vie, faut-il la perdre ?" Et j'ai tout de suite pensé à la dernière phrase de ma mère, ouvrière elle aussi, sur son lit de mort : "Tu sais, Jean-Pierre, j'ai eu une vie de naïve." »

Les ouvriers ne sont ni naïfs ni passifs ; chez eux, l'imagination se déploie en une souveraine spontanéité : telle est pour les maos la leçon de Mai, celle qui ruine d'un seul coup la vieille orthodoxie marxiste-léniniste. « Au fond, ce qu'on apprend en Mai 1968, c'est que la classe ouvrière peut penser, et faire penser », résumera en 1974 Pierre Victor, alias Benny Lévy. Dès lors, à Renault Flins comme chez Usinor Dunkerque ou au puits 6 de Bruay, il s'agit de reconnaître la « puissance spirituelle créatrice[3] » des actions populaires.

En mai 1968, l'un des premiers réflexes ouvriers fut de séquestrer le patron ? « On a raison de séquestrer le patron ! », lance la GP. D'autres ont malmené les cadres avant de procéder à la « grande lessive » des bureaux ? « Bravo ! », clament encore les maos, qui avertissent les bourgeois et leurs « laquais » dans les termes suivants : « Quand nous le voudrons, tous unis, on vous séquestrera, on vous crachera dans la gueule et on vous pendra. Par les pieds d'abord… » Dans leurs tracts et dans leur presse, les jeunes « gardes rouges » exhortent les ouvriers à renverser le monde, à prendre la place des chefs, à licencier leurs patrons. Ils appellent à généraliser telle ou telle action ponctuelle, pour démontrer que des gestes apparemment dispersés débouchent en fait sur une volonté partagée : « Arrête les machines ! » « Casse la gueule au petit chef ! » « Sabote les vacances du patron ! »

Toutefois, la vocation mao ne consiste pas seulement à enquêter ou à cogner devant les entreprises. Elle exige d'endosser la blouse bleue des ouvriers. Robert Linhart a témoigné de l'idéal porté par les dizaines de militantes et de militants qui décidèrent de « s'établir », c'est-à-dire de se faire embaucher dans telle usine ou sur tel chantier. Figure fondatrice du maoïsme de type GP, ce normalien a passé un an comme ouvrier spécialisé (OS) chez Citroën. Le jour, il trimait. Le soir, livré aux insomnies, il rêvait au grand tohu-bohu : « Je ne trouve pas le sommeil. De brefs assoupissements déchirés de visions. Les bidonvilles déferlent sur Neuilly. Une grande liesse de prolétaires sur les Champs-Élysées. Notre monde enfoui jaillit et se déverse sur l'autre. [...] Nous briserons les murs de l'usine pour y faire pénétrer la lumière et le monde. Nous organiserons notre travail, nous produirons d'autres objets, nous serons tous savants et soudeurs, écrivains et laboureurs[4]. »

On a pu comparer ce type d'expérience avec la démarche de Simone Weil, cette philosophe juive, convertie au catholicisme, qui voulut partager la dignité propre aux ouvriers dans les années 1930. Et, de fait, pour les militants qui choisissent l'« établissement » au lendemain de Mai 68, s'amorce un profond processus de mutation, qui implique de se perdre entièrement avant de retrouver une autre identité, dans et par le travail manuel. « La pauvreté avait été une vocation. Nous avions lancé notre jeunesse dans le monde temporel avec des principes largement puisés dans l'ancienne chrétienté. L'établissement était notre croix[5] », écrit Daniel Rondeau, qui prit la route des usines lorraines à l'âge de vingt ans.

Les « établis » allaient en usine pour se rééduquer. À l'école du labeur ouvrier, ils apprenaient une leçon d'amour, d'obstination et d'impatience. Tous acceptaient le choix d'une transmutation subjective : « Si le maoïsme a apporté quelque chose en politique, c'est d'abord dans la recherche de formes d'organisation diagonales aux appareils traditionnels, du point de vue d'une liaison renouvelée entre intellectuels et ouvriers, assure le philosophe Alain Badiou. Mais le maoïsme ne représentait pas seulement le choix d'une politique contre une autre, c'était une transformation radicale de la conscience, une mutation de la personne dans sa totalité. Il y avait le devoir de s'arracher aux contraintes objectives en respectant cette maxime de Lin Biao : "Changer l'homme dans ce qu'il a de plus profond." Autant de motifs qui ont bien sûr à voir, dans notre espace culturel, avec l'horizon chrétien. »

Un parmi d'autres, Denis Clodic a vécu cette sortie de soi. Jusqu'en mai 1968, ce petit-fils de militant socialiste, élevé dans une famille catholique de gauche, est davantage attiré par les compétitions de moto que par les joutes politiques. Alors qu'il achève une licence d'ethnologie à la Sorbonne, le voilà qui s'engage dans le mouvement. Au départ, il souhaite surtout contribuer à une réforme de l'Université. Mais en septembre, quand la révolte s'essouffle, il est de ceux qui désirent continuer. Après avoir rejoint un groupuscule d'extrême gauche, il décide de s'établir en usine : dans l'industrie pharmaceutique, puis dans une fabrique d'extincteurs, et enfin comme OS au cœur de la forteresse Renault-Billancourt. C'est là qu'il sera repéré et recruté par Benny Lévy.

Quand il évoque ce parcours, Clodic, aujourd'hui directeur de recherche à l'École des Mines de Paris, en parle comme d'une authentique métamorphose : « On ne passe pas comme ça du statut d'étudiant à celui d'OS, dit-il. C'est tout un itinéraire. Il faut d'abord faire oublier son passé d'étudiant, donc nettoyer son CV à la lessiveuse. Et puis, sur une même chaîne, à Billancourt, tu es au milieu d'Angolais, de Marocains, de Portugais : quand tu arrives avec un vocabulaire élaboré, tu dois réapprendre à parler avec trois cents mots. Mais j'avais l'impression d'être enfin utile à quelque chose : il y a un côté prêtre-ouvrier, au sens où on écoute, on découvre la dimension du "faire", du travail qualifié. On est comme des curés. Mais des curés rouges… qui mordent. »

Dévouement, courage, discipline : entre le travail à l'usine et les multiples réunions avec les camarades, l'« établi » dort peu, donne tout. Au cœur de l'engagement, insiste Benny Lévy, il y a l'élément du sacrifice. À tous ceux qui expriment une divergence sur telle action, un désaccord concernant telle méthode, le chef rétorque d'un ton cassant : « Si tu n'es pas d'accord, c'est que tu as peur de la mort. »

La mort symbolique, d'abord, quand le militant se dépouille de ses anciennes attaches pour faire l'expérience d'une nouvelle vie. Ici, conversion rime avec disparition : « J'adoptais des manières et un ton qui m'étaient étrangers. Je me fondais dans la masse. Je disparaissais[6] », se souvient Daniel Rondeau. Mort symbolique, encore, lorsque le jeune maoïste s'efface après avoir rempli sa mission de médiateur, qui consiste à faire le lien entre les opprimés. En atteste Jacques Theureau, qui participa aux enquêtes des maos en Bretagne, couvrant la grève des marins-pêcheurs de Concarneau, et nouant de nombreux contacts parmi les agriculteurs en lutte. Souvent proches du Mouvement rural de jeunesse chrétienne (MRJC), également liés à la revue franciscaine *Frères du monde*, ces paysans avaient eux-mêmes fait appel aux jeunes maos : « On était toujours avec des chrétiens dans tous les coins. Ils cherchaient des intellos, ils voulaient bouffer de "l'analyse concrète de situations concrètes", comme on disait. Nous, on se disait : "Voilà des paysans qui veulent parler à d'autres paysans, par notre entremise." Et on programmait notre disparition », se souvient Theureau.

Aujourd'hui ingénieur à la retraite, celui-ci a commencé à militer au milieu des années 1960. Cofondateur de la Gauche prolétarienne, établi chez Renault, il organise avec d'autres la venue de Sartre à Billancourt, en octobre 1970, et c'est lui qui a l'idée de jucher le philosophe sur un tonneau, afin que les ouvriers puissent l'entendre s'exprimer : « Il y a cinquante ans que le peuple et les intellectuels sont séparés ; il faut maintenant qu'ils ne fassent plus qu'un », lance Sartre, dans le brouhaha, à un groupe de métallos attroupés. Comme toujours, la rencontre a été soigneusement préparée, les « détachements étudiants » qui s'étaient déplacés en nombre ne souhaitant qu'une chose : laisser la place aux « bataillons ouvriers »… « On a tout fait pour que les jeunes travailleurs nous remplacent, pour qu'ils soient maîtres des opérations, rapporte Theureau. On se pensait comme l'intermédiaire entre le non-pouvoir et le pouvoir ouvrier. Là encore, on orchestrait notre propre disparition. »

Toutefois, les maos ne vont pas toujours au-devant d'une mort symbolique. Parfois, ils rencontrent la mort tout court. Ainsi, le 25 février 1972, à la porte Zola de Renault-Billancourt, Pierre Overney s'écroule. Quelques instants auparavant, faisant face au vigile qui l'avait mis en joue, le jeune ouvrier maoïste a simplement dit : « Vas-y, tire ! » Au lendemain de ce drame qui émeut la France entière, les « nouveaux partisans » de la GP jettent toutes leurs forces dans la bataille. En enlevant Robert Nogrette, cadre dirigeant de la régie Renault, et en réinvestissant Billancourt, pourtant quadrillée par les CRS. Ici encore, leur prédication paraît aussi solitaire que suicidaire : « Le troisième jour, on sent que c'est cuit, raconte Denis Clodic. Au lieu de se disperser, on se dit : "Autant y aller en gloire." Donc, on entre dans l'usine et, là, il y a vraiment un côté christique : on se fait clouer, mais bien, par une centaine de gardiens qui nous tabassent et nous livrent aux flics. Moi, je me retrouve à la prison de Fresnes avec la mâchoire fracassée. »

Overney est mort, et le pays reste calme. Pour les militants de la Gauche prolétarienne, c'est le début d'une vaste désillusion. Bientôt, une autre expérience, beaucoup plus douce, achèvera de les dérouter : la grève de l'usine Lip, qui fabrique des montres à Besançon. En 1973, protestant contre la fermeture annoncée de leur entreprise, les ouvriers s'organisent. Première surprise : ils réinventent l'autogestion. « On produit, on vend, on se paye », voilà leur slogan. Deuxième surprise : ils sont habités par l'enthousiasme religieux, comme le constatent les émissaires de la GP. « Avec Benny [Lévy], on y va à plusieurs reprises, et on tombe sur les fesses, se souvient Denis Clodic. L'imprégnation du catholicisme est énorme. Ce sont des curés blancs, des leaders vêtus de blanc, qui organisent une communauté en révolte. Ils réalisent ce dont nous avions rêvé, mais de façon très différente : ils n'envisagent pas un seul instant la guerre civile ! Bref, on comprend qu'on fait fausse route. »

Un détail frappe Benny Lévy et ses camarades : les ouvriers de Lip ont soudé les portes de l'usine pour qu'elles restent grandes ouvertes. Rien à voir avec les pratiques de la CGT : depuis Mai 68, afin d'entraver l'influence des « gauchistes », le syndicat bloque l'accès des entreprises. Dans le comité d'action des Lip, au contraire, tout le monde est invité à s'exprimer, à participer, à vendre des montres. Or ces travailleurs n'ont que faire du Petit Livre rouge, remarquent les observateurs de la GP. À leur tête, on trouve d'abord des chrétiens : le syndicaliste Charles Piaget, membre de l'Action catholique ouvrière et du Parti socialiste unifié (PSU), ou encore le prêtre dominicain Jean Raguenès, aumônier de la Sorbonne, personnage aussi mystérieux que charismatique : « Nous qui sommes si hostiles aux syndicats, raconte Alain Geismar, on s'aperçoit que les Lip s'organisent non seulement dans un syndicat, mais en plus dans une centrale d'obédience chrétienne, la CFDT, avec, à leur tête, un Piaget, c'est-à-dire un bon père de famille, dont les enfants sont baptisés. Voilà donc des ouvriers qui font des choses subversives, qui ont mis leur stock à l'abri et qui commencent même à le vendre eux-mêmes, bref qui se passent très bien de patron… et aussi des militants maos ! Et cela pose sérieusement la question de savoir si on sert à quelque chose. »

Dans l'aventure collective des maos français, la rencontre avec ces chrétiens est décisive : « Le maoïsme avait été vaincu par le Galiléen[7] », résume Jean-Claude Milner. Cette victoire provoque une brutale remise en question. « À nos yeux, Lip a représenté le point extrême de l'impulsion donnée par Mai 68, confie l'historienne Évelyne Cohen. C'étaient des ouvriers tels que nous les avions rêvés, et c'étaient des croyants. Au contact de quelqu'un comme Raguenès, qui nous raconte ses expériences mystiques, nous comprenons que les ressorts de l'engagement sont aussi religieux. » Fin 1973, la Gauche prolétarienne opte pour l'autodissolution. L'heure de l'enquête sociale semble révolue. Voici venu le temps de la quête spirituelle.

IV

L'ÉTINCELLE DE LA TORAH

Ils sont tous là, ou presque. En cette soirée du 10 novembre 2003, le théâtre Hébertot, à Paris, accueille la foule des grands jours. Dans la salle, beaucoup d'anciens soixante-huitards, qui souvent se sont perdus de vue depuis belle lurette. Sur scène, une poignée d'« ex », autrefois militants ou sympathisants de la Gauche prolétarienne : les philosophes Alain Finkielkraut, Bernard-Henri Lévy et François Regnault, le linguiste Jean-Claude Milner et le psychanalyste Jacques-Alain Miller. Tous unis pour rendre hommage à leur camarade Benny Lévy, disparu trois semaines plus tôt à Jérusalem. Jetant un regard complice aux autres orateurs, Miller présente les choses ainsi : « Benny était une sorte de missionnaire, qui adressait un rappel à l'ordre aux infidèles, à la racaille que nous sommes. »

Au fil des interventions, et tandis que claquent les nouveaux mots de passe (« Juif d'affirmation » contre « Juif de négation », « horizon de la Torah » contre « idéologie des Lumières »…), l'assistance plonge peu à peu dans une atmosphère électrique. Certains s'étranglent en silence. D'autres quittent bruyamment la salle, comme la romancière et académicienne Florence Delay. « Ils sont devenus fous », murmure Christine Goémé, productrice à France Culture, installée au premier balcon. « C'est la deuxième autodissolution de la Gauche prolétarienne ! », fulmine depuis le poulailler l'islamologue Christian Jambet.

Autodissolution ? Le terme résume bien l'aventure de la GP, et, d'emblée, il est lié à la question juive. Créé à l'automne 1968 afin de perpétuer le miracle de Mai, ce groupe se saborde dès 1973. À l'origine de cette décision, il y a deux événements cruciaux. Nous avons déjà mentionné le premier, la grève des Lip. Abordons le second : les attentats perpétrés aux jeux Olympiques de Munich, le 5 septembre 1972, contre les athlètes israéliens. C'est le moment clé : au lendemain de l'attaque, alors que Sartre, leur ange gardien, justifie l'opération terroriste, les dirigeants de la GP, eux, la condamnent.

Une prise de position d'autant plus inattendue que les jeunes « gardes rouges » ont fortement contribué à populariser la cause palestinienne au sein de la gauche française, à une époque où celle-ci ne s'en souciait guère. Se replonger aujourd'hui dans la collection de leur journal, *La Cause du peuple*, c'est découvrir une rhétorique antisioniste d'une virulence rare, à côté de laquelle le discours actuel de l'extrême gauche paraît mesuré. « Nous sommes tous des fedayin ! », scande alors, numéro après numéro, cette feuille militante, qui ne manque pas une occasion de glorifier la figure du jeune combattant en keffieh.

Bien plus, le journal maoïste va jusqu'à recycler le vieil imaginaire antisémite pour confondre dans un même opprobre les « occupants sionistes », bourreaux des Palestiniens, et les « banquiers » juifs, exploiteurs du prolétariat français. Ainsi, rendant compte d'une action militante contre la « demeure insolente » d'Élie de Rothschild, *La Cause du peuple* du 31 octobre 1969 fustige le financier à la fois comme « trésorier d'Israël » et comme « oppresseur du peuple français », avant de préciser : « Les manifestants lapident l'édifice aux cris de "Palestine vaincra ! Rothschild crèvera !" »

Cette campagne fut si acharnée, si violente aussi, qu'à la fin de sa vie Benny Lévy ira jusqu'à lancer ironiquement : « Les Palestiniens ? C'est moi qui les ai inventés ! » Une provocation que son camarade Alain Geismar, ex-animateur du Mouvement du 22 mars et figure emblématique de Mai 68, explicite aujourd'hui ainsi : « Il faut bien voir qu'à l'époque, le Parti communiste régnait sur les ouvriers professionnels. Les seuls auxquels nous avions accès, c'étaient les ouvriers spécialisés, pour la plupart de jeunes immigrés. Or, dans les foyers de travailleurs, on s'était aperçus qu'à cause de leurs rivalités nationales, les Marocains, Algériens ou Tunisiens avaient du mal à militer ensemble. Donc on cherchait un point capable de les unir. C'est comme ça qu'est apparue l'affaire de la Palestine : comme une figure apte à empêcher les immigrés de se taper dessus. »

Très vite, les maos ont voulu inscrire le combat propalestinien dans la tradition anticolonialiste. Mais, pour certains membres des « comités Palestine », dont Alain Geismar rappelle qu'ils étaient « bourrés de militants juifs », cette fidélité se déployait aussi sur un arrière-fond plus intime, lié à Vichy et à la mémoire des persécutions : « Je suis un petit Juif né en 1939, confie Geismar. Pour moi, les pratiques de l'armée française en Algérie s'apparentaient à celles des nazis pendant l'Occupation. C'est comme ça que j'ai commencé à militer. Un soir, j'avais dix-huit ans, je me baladais Porte Maillot, à Paris. Soudain, des policiers ont surgi d'une voiture en braquant leurs pistolets sur moi. Puis ils se sont excusés en me disant : "Pardon, on vous avait pris pour un bicot !" Je me suis dit : "Ça recommence..." »

En 1970, Geismar fait lui-même un voyage en Cisjordanie afin de rencontrer les partisans de l'OLP. Une expédition en famille, puisqu'il s'y rend avec la femme de Benny Lévy, Léo, et que c'est le propre frère du dirigeant mao, Eddy Lévy alias Adel Rifaat, qui sert d'entremetteur. Élevé en Égypte par une nourrice musulmane, Eddy Lévy s'est très tôt engagé dans le combat contre l'occupant britannique. Aussi a-t-il joué un rôle décisif dans l'itinéraire de Benny, qui est né à la conscience politique dans l'admiration de ce grand frère. Après l'expédition de Suez, en 1956, et alors que les membres de sa famille, comme la plupart des Juifs égyptiens, sont contraints de quitter le pays, Eddy Lévy choisit de rester et de se convertir à l'islam pour devenir Adel Rifaat : « Cette conversion, pour moi, c'était une déclaration d'amour à l'Égypte, assure-t-il aujourd'hui. Du reste, à l'époque, je m'étais épris d'une musulmane, que j'allais épouser. Et puis, là-bas, si on veut jouer un rôle politique, il faut s'intégrer à la masse. Être juif, c'est un facteur d'isolement. S'appeler Eddy Lévy ou Adel Rifaat, ça change tout ! »

Arrêté par la police égyptienne, Rifaat passe cinq années dans les geôles de Nasser. Il y rencontre un autre intellectuel marxisant, Bahgat Elnadi, avec lequel il cosignera plus tard des livres consacrés à l'islam, sous le pseudonyme commun Mahmoud Hussein. Libérés en 1966, les deux camarades décident de s'exiler. Ils pensent d'abord pouvoir se diriger vers la Chine, dont le régime multiplie les proclamations anti-impérialistes et propalestiniennes. Las, Pékin ne veut pas d'eux… Par dépit, ils s'installent à Paris. Et sont accueillis par Benny Lévy et ses amis, auprès desquels ils jouissent d'une aura incontestée : « Nous étions leurs frères aînés, se souvent Rifaat. Nous leur apportions une chose précieuse, car nous avions milité au cœur même du monde arabe. On leur a servi d'intermédiaires avec le Fatah, à un moment où presque personne n'en avait entendu parler. On a passé des soirées entières à répondre à des questions du type : "C'est quoi, la Palestine ?" » Au fil des années, Rifaat et Elnadi vont donc peser de tout leur poids afin que la GP fasse du soutien à Arafat un mot d'ordre central pour l'ensemble de l'extrême gauche.

Parmi les membres de la GP, l'engagement propalestinien va de soi. Il peut même pousser très loin la radicalité, jusqu'à souhaiter la destruction pure et simple d'Israël. Pour preuve, cette scène familiale racontée par Jean Schiavo, ex-« établi » aux usines Perrier et responsable de la région Nord à la GP : un soir, il dîne à Boulogne chez les Lévy. À table, la discussion va bon train et, comme souvent, Benny et Eddy dissertent sur la situation au Moyen-Orient, la lutte contre l'impérialisme américain, le soutien au mouvement armé palestinien. Tout en leur servant à manger, leur mère les interrompt soudain : « C'est bien joli, tout ça. Mais ce qui est en jeu, c'est quand même l'existence d'Israël ! », fait-elle remarquer. Du tac au tac, Schiavo lui répond alors que les militants de la GP s'en soucient comme d'une guigne. « J'ai vu qu'elle était profondément blessée, se souvient-il. Un peu plus tard, quand est arrivée la nouvelle des attentats de Munich, j'ai compris. J'ai dit à Benny : "Je veux que tu présentes mes excuses à ta mère." On a tous déconné. Mais dès qu'on a eu le nez dans le caca, c'était terminé. »

Au lendemain de Munich, donc, tout bascule. La GP, que sa prose ultraviolente et son savoir-faire militaire prédisposaient à une dérive terroriste de type Brigades rouges, s'autodétruit. « Munich est déterminant, assure Gérard Bobillier. C'est là que la dissolution est pensée, quand on prend conscience que notre slogan "Geismar, Arafat, même combat !"

débouche sur l'assassinat des athlètes israéliens. » Après des années d'activisme, parfois de prison, le collectif s'éparpille et chacun essaie de retomber sur ses pieds. « À l'époque, 68 part dans le sable, il y a beaucoup de comportements d'échec, sans parler des suicides. Moi, j'essaie de retrouver une cohérence, je regarde ma vie passer, je fume du hasch », témoigne le sociologue Jean-Marc Salmon. Mais si quelques-uns sombrent dans la drogue, plus nombreux sont ceux qui plongent dans la métaphysique : « Notre besoin d'infini, on est allés le chercher dans d'autres textes », explique encore Gérard Bobillier, qui participe aux « cercles socratiques » fondés par Benny Lévy après la dissolution, pour tenter de penser le naufrage du politique. Réunis dans une bergerie de Lagrasse (Aude), où seront bientôt fondées les éditions Verdier, les rescapés de la GP potassent Platon et Hobbes, Foucault et Sartre.

Avec ce dernier, Benny Lévy noue une relation de plus en plus forte, si intense qu'elle finira par susciter la jalousie de Beauvoir. Leur première rencontre remonte à avril 1970, au moment où le prix Nobel avait accepté de devenir directeur de *La Cause du peuple*, afin de protéger le journal par sa célébrité. Plus tard, après la dissolution de la GP, l'ancien chef maoïste devient le secrétaire personnel d'un Sartre affaibli, âgé, rendu quasi aveugle par un accident cérébral. C'est une vraie complicité qui naît, débouchant sur des entretiens où Sartre remet en question bien des aspects de sa propre pensée.

Pour « Pierre Victor », qui redevient alors Benny Lévy, ce dialogue précipite une double métamorphose. Par Sartre, Lévy devient français : en 1975, le philosophe appelle le président Giscard d'Estaing ; il lui demande d'accorder la nationalité française à son protégé, jusqu'alors apatride. Par Sartre, surtout, Lévy redevient juif : de fil en aiguille, dressant le bilan de l'espérance politique, les deux hommes lisent les classiques de la philosophie, les textes des révolutions française et anglaise, mais aussi la Bible. En 1947, Jean-Paul Sartre avait écrit ses *Réflexions sur la question juive* sans lire un seul texte juif. Peu avant de mourir, il découvre la puissance de l'idée messianique pour réexaminer, *in extremis*, ses conceptions de l'action humaine, de la communauté et de l'histoire : « La philosophie de l'histoire n'est pas la même s'il y a une histoire juive ou s'il n'y en a pas[1]. », résume-t-il.

Curieux dénouement, pour ce philosophe de l'athéisme radical et de la politique profane. Dans cette ultime convergence avec Benny Lévy, pourtant, comme jadis dans le compagnonnage avec le maoïsme français, se trouve engagée l'une des plus profondes ambiguïtés de la pensée sartrienne : « On y trouve une tension interne qui colle à la tension mao elle-même, assure Alain Badiou. Un débat entre, d'un côté, la question de l'engagement absolu, du choix décisif, et, de l'autre, celle du caractère contraignant des pratiques concrètes, de l'aspect engluant des situations locales. C'est l'opposition entre Kierkegaard et Marx, qui travaille toute l'œuvre de Sartre. Je ne suis pas étonné qu'il ait finalement choisi de se laisser aspirer par l'absolu. À la fin des *Séquestrés d'Altona*, il y a un magnétophone qui répète dans le vide : "Un et un font un." Dans le vis-à-vis avec Benny Lévy, Sartre a fini par dire quelque chose du même ordre. Leur relation a eu un aspect très sartrien, elle touchait à l'intenable d'une filiation adoptive, qui excède la rationalité politique. Il a été le séquestré de Benny Lévy... »

Au cours d'un été, alors qu'ils passent leurs vacances ensemble dans le Gard, Benny Lévy lit un petit livre de Guy Casaril, intitulé *Rabbi Siméon bar Yochai et la Cabbale*. Son regard se trouve accroché par un passage du *Sefer Yetzirah* (*Livre de la formation*), un des plus vieux traités de la tradition cabbalistique. Scène fondatrice, qui détermine l'origine d'une quête, son coup d'envoi : « Le monde, disait ce texte, était créé avec des lettres. Sartre regardait mon visage en feu :

la vérité parlait, j'en étais sûr, et je ne comprenais pas un mot[2] », racontera-t-il plus tard.

Voici[1] donc Lévy à la recherche de maîtres capables de le guider jusqu'aux portes du messianisme. Conjuguant prophétisme et philosophie, la pensée d'Emmanuel Levinas (1906-1995) lui permet de mener à bien sa conversion : « Quand Benny s'est mis à étudier la Torah, se souvient Alain Geismar, il expliquait qu'il n'était pas religieux pour autant. Et puis, à un moment donné, il m'a dit que, s'il mangeait casher, c'était parce qu'on ne pouvait pas comprendre la Bible sans vivre comme ceux qui l'ont écrite. Un jour, il est revenu d'un voyage en Israël avec Sartre, et il m'a dit : "Voilà, j'ai fait ma barmitsvah..." »

Au milieu des années 1970, Benny Lévy et sa femme Léo vivent avec quelques ex-camarades à Eaubonne, puis à Groslay, en région parisienne. À l'heure des bilans, ils expérimentent une existence fondée sur le partage des tâches. Entre lectures et discussions, ils apprennent à élaborer leurs repas ensemble, s'inspirant de ce que le socialiste utopique Charles Fourier (1772-1837) appelait la « gastrosophie ». C'est pendant cette période que sont exhumées les failles identitaires. Peu à peu, l'élève modèle, qui avait tout fait pour s'assimiler, retrouve les gestes de ses aïeux et l'accent rocailleux de sa mère. À mesure que le temps passe, le nom juif fait retour, la mémoire de la Shoah aussi. Un soir de 1979, comme des millions de Français, la petite communauté regarde la série *Holocauste*, diffusée pour la première fois à la télévision. Soudain, la femme de Benny Lévy pousse un cri de terreur. « Pourtant, elle était née après la rafle de son père et, depuis toute petite, elle avait grandi avec ça, témoigne Évelyne Cohen, qui habitait avec les Lévy à Groslay. Ce cri, ça voulait dire : "Ça y est, j'ai compris, je prends conscience de l'horreur des camps, je sais ce que l'Europe a fait." »

Sur les camarades qui l'ont escorté après l'effondrement de la GP, Benny Lévy exerce toujours une vive fascination. « Je suis pour la conversion de tous, y compris de moi-même », leur lance-t-il un jour. Juifs ou non, qu'importe, les soldats perdus du maoïsme français sont quelques-uns à se tourner vers tel ou tel spécialiste des études juives : ils acquièrent des rudiments d'hébreu grâce à Shmuel Trigano, ils sillonnent la Cabbale aux côtés de Charles Mopsik, ils assistent aux cours de Talmud donnés par Jean Zacklad, puis par Eliahou Abitbol. « Parce qu'elle a un rapport essentiel à la pratique, la pensée juive est stimulante pour des gens qui font le deuil d'un engagement total, miraculeux », s'enthousiasme Jacques Theureau, ancien dirigeant du comité de lutte Renault, toujours intarissable dès qu'il s'agit d'évoquer un commentaire de la Torah.

En 1984, Lévy décide d'entrer à la yeshiva (académie talmudique) de Strasbourg. Onze ans plus tard, il franchit le pas ultime en « montant » vers Israël. Désormais, ce normalien n'a plus de mots assez durs pour railler les « pitres » universitaires, les intellectuels de gauche, et surtout son propre passé maoïste : « J'étais un petit peu monstrueux », résume-t-il. Traduction : « J'étais, à ce moment-là, un Juif oublieux de moi-même, mangeant n'importe quoi dans les restaurants[3]. »

Sur ce chemin du Retour, emprunté avec la même intransigeance que les sentiers d'autrefois, certains « ex » de la GP essaient tant bien que mal de suivre Benny Lévy. Une poignée d'entre eux va étudier avec lui à la yeshiva de Strasbourg – certains y sont encore. Plus tard, d'autres vont lui rendre visite à Jérusalem. Une infime minorité envisage même de se convertir : « Je me suis posé la question. Si j'étais moins feignasse, j'irais étudier dans une yeshiva, je trouve cela absolument passionnant », soupire Jean Schiavo. Élevé au Sénégal par des parents enseignants, profondément républicains et athées, cet ancien établi des usines Perrier n'en a pas moins hérité de sa mère, cévenole et protestante, un authentique souci de la Bible : « Ce qui paraissait évident pour un pasteur cévenol, apprendre l'hébreu, l'est aussi pour quiconque veut approfondir une philosophie de la liberté. Car la pensée juive talonne la philosophie occidentale, il y a toujours ce dialogue entre Athènes et Jérusalem, notre conscience occidentale n'existerait pas sans ce dialogue », dit-il.

Tout en lui conservant leur amitié, pourtant, nombreux sont ceux qui ont refusé d'accompagner Lévy jusqu'au bout de sa nouvelle radicalité. Ainsi de Denis Clodic, qui fut sans doute l'un des plus proches amis du chef mao dans la période difficile qui a suivi la dissolution : « Pour Benny, j'étais un peu le gars qui a les pieds sur terre, je servais de contrepoids à sa folie douce, précise l'ancien établi de chez Renault. C'était un homme d'une sensibilité extraordinaire, j'ai toujours apprécié sa qualité d'écoute. Mais quand je lis ses derniers textes, j'y trouve une violence insupportable. J'ai l'impression de me couper aux pages ! Pour moi, son cœur l'a lâché. »

D'année en année, la petite troupe se disperse : « Il y a eu de la perte. Il faut des témoins de nos erreurs, des gens qui les maintiennent », tranche Gérard Bobillier pour évoquer celles et ceux qui se sont éloignés. Ce fidèle d'entre les fidèles a également pensé se convertir, avant de renoncer. Directeur des éditions Verdier, qui publient les textes de Benny Lévy mais aussi de Jean-Claude Milner, il a fait de sa maison une nouvelle structure de discipline et de dévouement : « J'ai décidé que mon rôle était de protéger ceux qui étudient plutôt que d'être moi-même au cœur du dispositif. Les livres que nous publions forment cette protection, ils délimitent nos positions et obligent le monde qui pense à se définir par rapport à elles », résume Bobillier. À l'heure de la Torah comme au temps du Petit Livre rouge, donc, les anciens maos considèrent toujours la pensée comme un geste offensif, et le champ intellectuel comme un champ de bataille. Sous leur plume, le monde des idées constitue un univers impitoyable, où chacun ne doit avoir qu'un seul objectif : par tous les moyens, frapper l'adversaire et convaincre le partisan.

V

SAINT PAUL AU MILIEU DU FRONT

Austères, intraitables, ils sont restés fidèles à eux-mêmes. À la fin des années 1960, les jeunes maos se croisaient dans les couloirs de l'École normale supérieure, entre une discussion avec Louis Althusser et un séminaire de Jacques Lacan. Ils ferraillaient à propos de tel ou tel article publié par les *Cahiers marxistes-léninistes*, revue où l'on pouvait lire en exergue cette formule de Lénine : « La théorie de Marx est toute-puissante parce qu'elle est vraie. » Quarante ans plus tard, ces brillants sujets partagent toujours une même conviction : qui veut le pouvoir doit tenir la vérité. « Ce sont des aristocrates qui méprisent la piétaille de Mai 68, remarque Bernard-Henri Lévy. Chez eux, il y a une jeunesse inentamée : l'enthousiasme spéculatif et la furie conceptuelle n'ont pas varié. »

Par-delà les ruptures personnelles, les clivages idéologiques, les ex-maos ont conservé bien des traits communs. D'abord, la certitude que la guerre des idées est la seule qui importe, et qu'elle ne se mène pas avec des gants blancs. Ensuite, un rapport terroriste au langage, déterminé par la haine du compromis. Leurs joutes continuent de polariser une large partie du champ intellectuel français, où les avant-gardes ont d'autant plus d'impact qu'elles occupent les marges : « C'est un jeu stratégique qui se déploie dans un mouchoir de poche, poursuit Bernard-Henri Lévy. Mais tous ont un rayonnement considérable, selon le principe de la microsecte à effets virulents. Et de même qu'il y eut jadis une génération structurée par le face-à-face entre ces deux enragés qu'étaient André Breton et Louis Aragon, de même il y a aujourd'hui une génération qui doit choisir entre deux sartriens, Benny Lévy et Alain Badiou. »

Telle serait la nouvelle ligne de front. D'un côté, la petite troupe des « Lévinassiens » attachés à Benny Lévy. Depuis la mort de ce dernier, en 2003, ses amis de l'Institut d'études lévinassiennes se sont regroupés autour du linguiste Jean-Claude Milner : « Milner, c'est une intelligence disponible, commente Jacques-Alain Miller. Le désir brûlant était celui de

Benny, mais Milner sert son impulsion, il parle pour lui. C'est un travail de piété ». De l'autre côté, les disciples d'Alain Badiou, qui est sans doute aujourd'hui le philosophe français vivant le plus lu et le plus commenté à l'étranger. En mai 1968, ce paisible père de famille, qui enseigne la philo à Reims, bascule dans l'engagement politique. Un choix vécu sur le mode de la conversion : « Mai 68, pour moi, ce fut une chute sur le chemin de Damas, confie-t-il. Avant, je me considère comme un écrivain ; ensuite, je deviens un militant dont la politique absorbe l'existence. » Dans l'après-Mai 68, le philosophe fonde un groupuscule, l'Union des communistes de France marxiste-léniniste (UCFML). Et aujourd'hui encore, à soixante-douze ans, il dirige un groupe baptisé « L'Organisation politique », qui s'investit essentiellement dans la solidarité avec les sans-papiers.

Parmi les figures intellectuelles du courant « prochinois », Badiou aime à se présenter comme celui qui ne s'est jamais retourné. Ni vers l'ordre bourgeois : dans son séminaire à Normale sup, qui attire chaque mois des centaines d'auditeurs, le professeur brocarde le « capitalo-parlementarisme » et cite Mao Zedong, dont les écrits, dit-il, devraient figurer au programme de l'agrégation. Ni vers le ciel des religions : petit-fils de quatre instituteurs profondément républicains, Badiou se revendique « héréditairement irreligieux » et professe un anticléricalisme radical.

Pourtant, même ses meilleurs soutiens sont tentés de le décrire comme un chrétien qui s'ignore, dont la pensée puise aux sources de la théologie : ainsi le théoricien trotskiste Daniel Bensaïd évoque-t-il une « philosophie guettée par la sacralisation du miracle événementiel », tandis que son collègue slovène, Slavoj Žižek, n'hésite pas à présenter Badiou comme « le dernier grand auteur de la tradition française des catholiques dogmatiques[1] ». Lorsqu'on lui rapporte ces propos, Badiou ne se défile pas. « À mes yeux, assure-t-il, il n'y a pas d'histoire transcendante. Mais quand on rallie une cause puissante, on s'inscrit sur une scène qui est plus vaste que soi-même. Dès lors qu'on aborde les motifs de l'appel radical, de la conversion, du nouvel homme… je vois bien qu'il y a une généalogie chrétienne, oui, bien sûr. C'est pour cela que j'ai écrit le *Saint Paul*… »

Intitulé *Saint Paul. La fondation de l'universalisme*, ce livre a semé la zizanie dans la galaxie des ex-maos français. Car, sous la plume de Badiou, l'apôtre y devient « un Lénine dont le Christ aurait été le Marx équivoque ». Bien plus : selon lui, les Épîtres ont provoqué une « révolution culturelle dont nous dépendons encore[2] ». C'est qu'ils exhibent la dimension

militante de toute vérité. Ils proposent aussi une dia-
lectique entre sainteté et actualité, entre prédication
et événement. Surtout, ils fixent une bonne fois pour
toutes le credo universaliste : contre la prolifération
des « communautarismes », les textes de Paul per-
mettraient d'en finir avec les « identités fermées ».
Au regard de l'universel paulinien, c'est bien connu,
il n'y a plus « ni Juif ni Grec, ni esclave ni homme
libre, ni homme ni femme ».

Apôtre au verbe charmeur, le saint Paul de Badiou
s'inscrit dans une longue tradition, qui continue
d'orienter notre manière de nommer l'avenir, de
désigner sa séparation avec l'ancien. Selon cette
lignée, le changement s'envisage comme une rupture
radicale vis-à-vis d'un passé défaillant, dont la seule
dignité consisterait à avoir esquissé notre présent.
Inaugurer c'est donner congé ; fonder c'est mettre à
l'écart : telle est la leçon de Paul, telle est aussi la
bande-son du progressisme comme conception de
l'histoire. Dans cette optique, chaque coup d'envoi
relève du coup de force : il n'y a plus de place pour
ce qui était là « avant ». En termes bibliques, cela
signifie que le chrétien est celui qui dit adieu à la
première Alliance, incarnée par le peuple de la
Torah : « la nouvelle universalité ne soutient aucun

rapport privilégié avec la communauté juive[3] », écrit Badiou.

Ses ex-concurrents de la Gauche prolétarienne ne s'y sont pas trompés. Dès sa parution, les « Lévinassiens » ont vu dans le livre de Badiou un authentique *casus belli*, une façon de déclencher la « guerre métaphysique sur la notion même d'universel » annoncée par Benny Lévy[4]. « Oubliez son nom ! », lançait celui-ci à quiconque évoquait Badiou en sa présence. Par la suite, Jean-Claude Milner a pris le relais. Ironie souterraine, allusions cruelles, notes assassines · texte après texte, et sans jamais le citer, Milner fustige Badiou, dont il fut jadis l'ami.

Car, à ses yeux, l'urgence est là. Il faut faire barrage aux « sectateurs de l'universel facile », qui font de l'universel un synonyme du quelconque, et le confondent ainsi avec une conversion généralisée, avec l'effondrement des identités : ni Juifs ni Grecs… « L'universel selon Badiou est un universel en extension, soutient Milner d'une voix cristalline. Il est fondé sur la conversion du plus grand nombre. Dans cette logique, est bon ce qui unit, est mauvais ce qui divise, pour paraphraser Mao. Or le nom juif est ici en position de cisaille. Depuis l'affaire Dreyfus au moins, il est le point d'achoppement de la politique française, le point de honte de la belle langue française. Le nom juif divise au maximum, et s'il divise c'est parce qu'il est entendu. Voilà pourquoi il est porteur d'un autre universel, non plus en extension, mais tout en intensité. »

Universel en « extension » contre universel en « intensité », fraternisation globale contre identités singulières, général contre particulier : à l'horizon de ces débats, il y a plus d'un enjeu brûlant. Mais il y a aussi une dispute autour de l'héritage sartrien, si central dans la conscience des intellectuels français : « Pour Sartre, l'homme n'est rien, il est néant, il ne peut pas exister sur le mode de l'identité, souligne Alain Finkielkraut. Mais Sartre admet que, face à l'antisémite, celui qui s'assume comme juif mérite le respect. Si Benny Lévy est fidèle à l'homme Sartre, donc, c'est Badiou qui tire les conséquences de sa philosophie : pour lui, grâce à la révolution à venir, il n'y aura plus personne, et surtout pas de Juifs, car ils fournissent la matrice de toutes les identités. Badiou, c'est Sartre moins la générosité ! Et voilà comment l'extrême gauche prend son tournant théologique : au moment où l'Église devient vraiment judéo-chrétienne en invoquant la première Alliance, ce sont les gauchistes qui la révoquent en enrôlant saint Paul... »

Tournant théologique ? Alain Badiou dément. Et répond à ces critiques de plusieurs façons. Sur le mode du dépit personnel, pour commencer, en confiant sa nostalgie d'une certaine solidarité entre ex-camarades. Hier, il pouvait dire « nous, les soixante-huitards professionnels ». Maintenant, il déplore que ce « nous »-là fasse défection : « Ce "nous" était précisément tout sauf un nom... », soupire-t-il. Pour le reste, le théoricien maoïste est tenté de rabattre la polémique sur un partage classique entre progrès et réaction. À l'entendre, les critiques dont il est la cible marquent l'émergence d'un néoconservatisme dont l'originalité serait à la mesure de l'expérience mao : « Quand se mettent en place des figures inédites du conservatisme, observe-t-il, elles sont souvent liées à des retournements, au pivotement de gens qui ont été nourris par la tradition révolutionnaire. Or le maoïsme a été la grande nouveauté politique issue de Mai 68. Dans ces conditions, il n'y a rien d'étonnant à ce que ses militants continuent d'irriguer les nouveautés. Y compris les nouveautés conservatrices ! »

Dans ce vaste conflit autour du concept d'universel, tout est question de stratégie, ou plutôt d'alliance. Au sens spirituel, d'abord : face à un universel moderne qui aboutit à la négation des différences, au gommage des noms propres, les

« Lévinassiens » se réclament d'un universel qui parle à l'humanité tout entière, *au nom* d'une extrême singularité. Ici, l'universel est rayonnement plutôt que rassemblement. La parole qui le porte n'est pas celle qui aboutit à la conversion de tous, mais celle qui est proférée avec une force telle qu'elle puisse être accueillie par chacune et par chacun. « Israël, c'est Adam. Ce n'est pas l'universel en extension, c'est l'universel en intensité. On peut être universel tout seul. C'est cela être un hébreu[5] », écrit à son tour Benny Lévy.

Alliance politique, aussi, car au moment où la scène spirituelle tend de nouveau à se confondre avec la scène géopolitique, cette querelle des universels engage le destin de l'Occident comme espace de civilisation. « L'homme occidental est devenu ce qu'il est et il est ce qu'il est par la conjonction de la foi biblique et de la pensée grecque. Pour nous comprendre nous-mêmes et pour éclairer notre chemin non frayé vers l'avenir, nous devons comprendre Jérusalem et Athènes[6] », écrivait le philosophe Leo Strauss. Sur ce chemin escarpé, aujourd'hui comme hier, la voie est étroite et il faut choisir. Selon que l'on oppose ou que l'on allie Jérusalem et Athènes, selon que l'on insiste sur l'antagonisme ou sur le pacte entre révélation juive et message chrétien, on aboutit à deux positions contraires. Dans un cas, on affirme que l'Occident se construit sur les ruines d'Israël. Dans l'autre, on assure qu'Israël constitue la sentinelle de l'Occident.

LA FRANCE MESSIANIQUE, OU L'ULTIME HARDIESSE DE L'OCCIDENT

Le 6 juillet 2008, Guy Lardreau mourait à l'âge de soixante et un ans. Quelques jours après la parution de la nécrologie qui lui fut consacrée dans *Le Monde*, me parvenait une belle lettre signée Dominique Weinzorn, qui côtoya jadis Lardreau sur les bancs du lycée Charlemagne, à Paris, en première puis en terminale. Il y évoquait l'excellence de son ex-condisciple, et l'admiration que l'adolescent suscitait chez ses camarades de classe, lesquels lui empruntaient volontiers un ou deux paragraphes de conclusion pour leurs propres dissertations. Dans son courrier, Weinzorn insistait sur l'engagement politique précoce de Lardreau. Pas n'importe lequel : « Un jour de janvier 1961, il était venu à notre grand étonnement nous solliciter en nous demandant d'arborer la cravate noire à la date anniversaire de la décapitation de Louis XVI. Une telle manifestation peut paraître anodine de nos jours, elle ne l'était pas dans ces temps de fin de guerre d'Algérie et d'OAS agissante[1]. »

Ainsi, avant de basculer dans le maoïsme, Lardreau vécut une passion royaliste. Au moment où les ultras de l'« Algérie française » et de l'OAS (Organisation armée secrète) multipliaient les attentats et plastiquaient les domiciles des militants anticolonialistes, le futur dirigeant de la Gauche prolétarienne exhortait ses copains de classe à commémorer la mort de Louis XVI. Il avait de qui tenir. Lors de notre rencontre, peu avant sa disparition, Lardreau avait tenu à évoquer ses parents, sa mère institutrice, son père professeur de mathématiques. À la Libération, celui-ci votait communiste. Mais dans les années 1930, précisait Lardreau, ce père ombrageux avait fait ses classes à l'école de l'Action française. De culture catholique, il avait admiré le chef du mouvement royaliste, Charles Maurras (1868-1952), qui fut au monarchisme ce que Marx fut au socialisme, et qui n'en finit pas d'agiter les consciences françaises.

Plus tard, au milieu des années 1970, et tandis que la parenthèse maoïste était sur le point de se refermer, Lardreau suscita l'enthousiasme du philo-

sophe Maurice Clavel en se présentant à lui comme
« un athée romain ». Il paraphrasait ainsi une célèbre
formule de Maurras (« Je suis romain »), dont l'une
des originalités consistait à faire l'éloge de l'Église et à
prôner un combat religieux, alors même qu'il était
étranger à la foi, et que sa devise demeura toujours :
« Politique d'abord ! » Mobilisant ce registre, Lardreau
ne pouvait que caresser la fibre royaliste de Clavel,
qui avait lui-même été formé au creuset de l'Action
française, avant guerre. Avec Clavel, et par-delà la
rhétorique marxisante du moment, Lardreau parta-
geait ce fonds culturel. Un certain esprit de révolte
inséparablement chrétien et français, en fidélité à
Léon Bloy et à Georges Bernanos. Confondre les
méchants, vomir les bien-pensants : tel était le programme commun.

Or c'était précisément le moment où Maurice
Clavel, ancien maurrassien et désormais ange gardien des maoïstes, jouait les entremetteurs : jugeant
que les uns et les autres étaient porteurs d'un même
élan, il avait présenté les naufragés de la Gauche prolétarienne, qu'il qualifiait de « Chouans », à quelques
jeunes royalistes qui lui apparaissaient comme des
« gauchistes de droite ». Dispersés, mal identifiés, ces
derniers seraient bientôt surnommés les « maorassiens ».
Tout en maintenant la tradition émeutière de l'Action

française, ils voulaient la débarrasser de sa nostalgie pétainiste et de ses obsessions antisémites. Moins hostiles à la République qu'à son caractère parlementaire, ils continuaient de se revendiquer d'un Occident musclé et d'un catholicisme de combat, incompatible avec l'individualisme et le matérialisme propres à la société moderne[2].

Pour Lardreau aussi, entre cet ancrage « catho » et l'horizon « mao », il n'y avait nulle contradiction. Chacune de ces options reposait sur une même foi dans le peuple, dans ses traditions, dans son unité, donc sur un même refus des clivages partisans, ainsi qu'il me l'avait répété à plusieurs reprises : « Nous n'avons jamais été de gauche. Le rêve que nous poursuivions était celui d'une transformation radicale de l'homme, et cette révolution culturelle n'était ni de droite ni de gauche. La droite, la gauche, c'est un système, une bascule. J'ai toujours pensé que la gauche était profondément antipopulaire, et jusqu'à aujourd'hui j'ai haï ses bons sentiments », confiait celui qui n'hésitait guère, par ailleurs, à se définir comme « un vieux barrésien, les mauvaises langues diront maurrassien[3] »...

Avant sa mort, Lardreau préparait une étude consacrée à la tradition catholique contre-révolutionnaire, et notamment à l'un de ses plus fameux représentants,

Joseph de Maistre. L'auteur des *Considérations sur la France* (1797) désignait les Lumières comme la source de tous les maux. À ses yeux, l'homme était naturellement mauvais, le pouvoir exprimait une violence divine, et tout gouvernement impliquait l'oppression de la majorité par une élite ténébreuse, implacable. Ce pamphlétaire n'eut qu'un seul objectif : ridiculiser Rousseau et Voltaire, anéantir la pensée rationaliste du XVIIIe siècle, démasquer l'imposture des droits de l'homme. « J'ai vu, dans ma vie, des Français, des Italiens, des Russes, etc. ; je sais même, grâce à Montesquieu, qu'on peut être persan : mais quant à *l'homme*, je déclare ne jamais l'avoir rencontré », ironisait-il dans un passage fameux qui enchanta ses disciples, à commencer par Maurras. Or ce contempteur de 1789, affirmait Guy Lardreau, fut paradoxalement l'un des rares à saisir la rupture métaphysique dont la Révolution avait été porteuse. Aussi l'ancien maoïste souhaitait-il renouer le lien entre action révolutionnaire et pensée catholique, tenter de déceler pourquoi la seconde avait compris, mieux que personne, la vérité de la première : la Terreur, la guillotine, le bain de sang rédempteur.

Dans la maison de Vézelay, en Bourgogne, où Clavel aimait organiser des discussions entre amis, Guy Lardreau côtoyait non seulement le philosophe Michel

Foucault, mais aussi plusieurs de ses camarades « gépistes » : Benny Lévy, André Glucksmann ou Alain Geismar, et surtout Christian Jambet, son coauteur pour *L'Ange*. Dans cet essai, on s'en souvient, les deux philosophes faisaient du christianisme le modèle de toute révolution culturelle. Pour l'un comme pour l'autre, cette convergence entre soulèvement chinois et rébellion spirituelle n'avait rien d'une tardive conversion . au cœur même de ses années militantes, à l'époque où il était convaincu que le Petit Livre rouge énonçait le Vrai, Jambet était lui aussi plongé dans les classiques du catholicisme radical. Et d'abord dans Léon Bloy et Joseph de Maistre, deux écrivains qui comptent parmi ses auteurs de chevet.

Aujourd'hui, Jambet confie volontiers ce regret : avoir trop longtemps sous-estimé l'œuvre de Charles Maurras, et ce, malgré les injonctions de Maurice Clavel. À la fin des années 1970, en effet, celui-ci avait conseillé à Jambet de rencontrer le philosophe catholique Pierre Boutang (1916-1998). Professeur charismatique, successeur de Levinas à la Sorbonne, Boutang avait « appris à lire » dans le journal de l'Action française, jadis, et il était resté l'un des principaux héritiers de cette mouvance, à laquelle il souhaitait donner une nouvelle orientation. Pour Clavel, il y avait là une vieille camaraderie : dans les années 1930, son cœur avait balancé entre le fascisme façon Jacques Doriot et le royalisme version Charles Maurras, et c'est Boutang, son « cothurne » à Normale sup, qui l'avait convaincu de choisir l'Action française. Dans le cas de Jambet, l'affinité était plus souterraine, elle passait notamment par une admiration commune envers l'orientaliste Louis Massignon (1883-1962)[4]. Pourtant, déplore Jambet, la rencontre souhaitée par Clavel n'eut jamais lieu : « Boutang était maurrassien et moi, j'étais sectaire ! C'est mon grand regret, d'autant plus que Maurras a été un grand penseur[5]. »

Né en Algérie en 1949, Christian Jambet est le fils d'un résistant qui lui a légué un solide sentiment anti-nazi. Âgé de cinq ans lorsque éclate la guerre d'indépendance, il est trop jeune pour combattre, mais demeure profondément marqué par le conflit, par l'exil familial aussi. « On m'a foutu dehors de chez moi », soupire-t-il. Engagé politiquement dès le lycée, ce fervent maoïste aura été le seul dirigeant de la Gauche prolétarienne officiellement reçu par les autorités chinoises, à Pékin, en 1969. Aujourd'hui, le professeur de khâgne se définit comme « un Français né dans le catholicisme », et cette filiation chrétienne, il la situe entre la philosophie de Hegel et l'exégèse de Léon Bloy : « Hegel partage avec Léon Bloy l'idée que l'incarnation, qui est le fait le plus important de la foi chrétienne, est l'alpha et l'oméga de l'histoire[6]. »

C'est à partir de cet héritage que Jambet s'est tourné vers l'étude de l'islam, au sortir de sa période mao. Dans le sillage de l'orientalisme chrétien, de Louis Massignon, d'Henry Corbin et du père dominicain Guy Monnot, il a découvert les trésors de la pensée persane : la damnation volontaire d'al-Hallaj, la poésie amoureuse de Rûmî, l'énergétique de l'être chez Mollâ Sadrâ. Il l'a fait en platonicien, qui entend saisir la vérité métaphysique de l'islam dans son unité : ce qui l'intéresse, ce n'est pas telle ou telle donnée historique, mais les invariants propres à définir le « sujet » musulman. Bâtissant une phénoménologie de l'âme chiite, il montre comment cette conscience est écartelée entre obéissance à la loi et quête de sagesse. Plus généralement, il souligne que l'islam tout entier est en guerre avec lui-même. De même que *L'Ange* décrivait l'éternel face-à-face du Rebelle et du Maître, ses travaux sur l'islam exposent la scission interne à la raison musulmane : d'un côté, liberté et vocation spirituelle ; de l'autre, asservissement et crispation puritaine.

Jambet exhibe donc le visage de l'islam spirituel, irréductible à sa caricature intégriste. Dès qu'il abandonne la spéculation pour observer le monde contemporain, toutefois, il dresse un constat sans ambiguïté : partout en terre d'islam les maîtres de la charia imposent leur loi, tandis que les mystiques et les tenants de l'exégèse symbolique sont marginalisés. Depuis longtemps, il affirme que cette situation n'est pas sans danger. Quelques mois avant les attentats du 11 septembre 2001, Jambet désignait l'islam comme une « totalité compacte et cohérente » dont le messianisme militant ne tarderait pas à provoquer de violents affrontements : « Autant le christianisme est sur la défensive, alors que nous lui devons l'émergence du monde moderne, autant l'islam, qui ne peut s'accorder, en son fond, au monde moderne, constitue aujourd'hui, de façon muette ou revendicative, la forme dominante que prend la figure du religieux, du désir religieux à l'échelle planétaire. [...] Il s'agit des figures de l'esprit : nous allons nécessairement vers l'approfondissement d'une contradiction qui menace de devenir principale[7] », prophétisait l'islamologue dans un style aux accents maoïstes.

Cette confrontation, Benoît XVI a cru devoir y faire allusion dans sa conférence prononcée à l'université de Ratisbonne en 2006. Pour ce faire, le pape avait évoqué la septième controverse entre l'empereur byzantin Manuel II Paléologue et son interlocuteur musulman, un érudit persan du XIVe siècle. On sait que cette conférence a suscité l'indignation du monde arabo-musulman et de tous ceux qui défendent la perspective d'un « islam des Lumières ». Saluant quant à lui un « texte profond et raffiné », Jambet a voulu souligner la pertinence de cette référence à Manuel : l'œuvre de celui-ci était « un parfait exemple d'équilibre entre le souci de sauver l'héritage des Grecs [...] et le souci de sauver l'Empire d'Orient de la catastrophe menaçante, de la sujétion aux Turcs, de la division intérieure. Quelle magnifique métaphore du combat spirituel présent ! », note-t-il, avant de commenter les passages que le pape consacra à la guerre sainte : « La question qui occupe l'esprit du pape, nous pouvons imaginer qu'elle se pose en ces termes : quel dialogue est-il possible d'instaurer entre une religion qui veut la paix et qui souhaite convertir pacifiquement les musulmans, s'ils entendent la voix du Christ, et une religion qui persécute *de facto*, au nom de ses préceptes juridiques, les minorités chrétiennes d'Orient ou d'Extrême-Orient[8] ? »

Dès lors qu'en islam les docteurs de la Loi ont écarté les philosophes et les poètes, dit Jambet, le sujet musulman se trouve livré aux pulsions rigoristes, donc à une terreur sans fin. En ce sens, assure l'islamologue, rien ne sert de fustiger la perspective d'un « clash » des civilisations. Ce choc a déjà commencé : « Les conflits qui ébranlent le monde, conflits qui gagnent chaque jour en intensité, ont pour cause une scission profonde entre l'Occident, juif et chrétien, oublieux de sa propre temporalité et de son propre destin, et l'islam, à qui sa destination est cachée par ses propres prétentions temporelles[9] », résume-t-il.

Chez Jambet comme chez d'autres orientalistes, l'étude des mondes musulmans constitue un miroir tendu à l'Occident. Mais celui-ci n'en sort pas toujours grandi. Car ce miroir, le philosophe le tient avec les deux mains : la gauchiste, qui trempe sa plume dans l'encre rouge du maoïsme et salue d'instinct l'insurrection populaire contre le monde « bourgeois » ; la droitière, qui tient son style des catholiques radicaux et fustige la « chimère » démocratique comme les abjections du dieu Argent. Par conséquent, dans le devenir de l'islam contemporain, il repère d'abord ce qui fait défaut aux esprits d'Occident : la conscience de leur propre destinée spirituelle, la révolte contre l'aliénation capitaliste.

Ainsi Jambet reprend-il à son compte la critique classique des droits de l'homme comme illusion . a ses yeux, leur pseudo-universalité masque mal la prolifération des intérêts particuliers. De nouveau, cette critique n'est ni de droite ni de gauche : on la retrouve aussi bien sous la plume de Maistre que sous celle de Marx. Dans les textes de l'orientaliste, elle prend toutefois une tournure spécifique. Déplions un instant son raisonnement : la mondialisation dissout toute appartenance dans un anonymat mortifère ; elle ne laisse rien intact, ni langue ni culture ; par-delà les frontières, elle proclame l'équivalence généralisée des biens et des idées. Face à cette abstraction niveleuse, explique Jambet, une figure s'insurge : l'espérance messianique des masses musulmanes. « L'islam résiste à la promesse à laquelle nous croyons, nous, c'est-à-dire le cynisme de la marchandise et le narcissisme de la richesse[10]. »

Quel est ce « nous » qui se prosterne devant le veau d'or, qui rampe devant le fétiche monétaire ? C'est le « nous » d'Occident, le « nous autres » français aussi. À son égard, Christian Jambet éprouve une certaine amertume. Jadis, comme ses camarades, il avait cru au peuple. Il louait sa dignité, il adorait sa violence. À la campagne et à l'usine, lui et ses camarades organisaient le mouvement de « soutien aux luttes du peuple ». Ils avaient hâte. Quand ils comprirent que le peuple ne serait pas au rendez-vous, leur désillusion fut à la mesure de cette attente exaspérée : « Dans la misère singulière, les épreuves, la douleur de passions disciplinées par l'humble obligation quotidienne, il y a un infini de grâce et d'intelligence, comme il y a un infini de faiblesse et de déception[11] », note Jambet dans sa préface à *L'Enthousiasme* de Daniel Rondeau.

À lire ce dernier témoignage, sur lequel l'écrivain nationaliste Maurice Barrès (1862-1923) plane dès l'exergue, on saisit à quel point le peuple français est au cœur de cette déception. Rondeau y raconte son « établissement », à vingt ans, dans l'industrie lorraine. Face aux ouvriers, son regard est celui du bon missionnaire, entre vénération et mépris. Sur le chemin de l'usine, il observe les gens : « Bilieux et sanguins, la vie les avait tous rapetissés. Le froid déformait leurs traits. Ils mangeaient trop, des choux, des cochonnailles, ou pas assez. [...] Ils semblaient nés sous le pinceau de Jérôme Bosch. Je les regardais distraitement. Ils ne me dégoûtaient pas. » À ses collègues de travail, Rondeau ne cache pas ses engagements. Quand vient la pause, chacun sort son jambon-beurre. Lui étale fièrement son journal, *La Cause du peuple*, sans susciter autre chose qu'un scepticisme amusé : « Ils ne voulaient pas me contrarier. La politique traversait en sautillant le remue-ménage de nos bavardages. [...] Mais une certaine raison, un assez vif sentiment de l'absurde, même s'il se déclarait avec de gros sabots, et une réelle soumission à l'état de choses, les étouffaient[12]. »

C'était donc ça : à la fin des fins, le peuple s'est révélé pour ce qu'il est − docile. Pour les maos qui ont tout misé sur lui, la leçon fut rude. Certains ne s'en remettront pas. D'autres jetteront aux orties leur ancienne idole. Chez eux, le culte du peuple allait de pair avec la haine de la démocratie « bourgeoise » : ils comptaient sur les humiliés pour détruire les libertés formelles, les droits factices. Désormais, ils confondront dans un même dédain et le peuple et la démocratie. Aujourd'hui, quand il écrit ce mot, démocratie, Jambet oublie rarement d'y accoler des guillemets vengeurs. Et lorsqu'il parle de sa patrie, c'est sur un ton élitiste, qui laisse percer le dépit amoureux : « Je ne crois plus à la France, ce pays où le savoir est devenu une activité clandestine, où trois intermittents ont remplacé Ava Gardner au festival de Cannes, où l'Église s'est transformée en agence caritative des droits de l'homme. On n'en serait pas là s'il y avait encore des catholiques en France, et des catholiques aptes à descendre dans la rue », l'ai-je entendu tonner.

La démission du peuple avait entraîné la dissolution de la Gauche prolétarienne. Il y avait rupture dans la façon de vivre le temps, d'éprouver la durée intime comme l'histoire collective. D'où la quête d'un autre absolu. « À partir du moment où j'ai compris qu'il était figé, j'ai abandonné mon peuple », confiait Guy Lardreau, non sans préciser que son camarade Benny Lévy avait eu la possibilité, lui, de s'en inventer un nouveau : « Benny a tenté de redécouvrir une autre notion du "peuple". Il l'a fait à partir d'un concept très archaïque dont sa mère l'avait rendu comptable. La mère, ça s'appelle le peuple. Donc Benny s'est posé la question : quel est mon peuple ? Il avait longtemps cru – ça je suis fondé à le dire – que c'était le peuple français, ce peuple auquel nous tenions, lui comme moi, sur le même thème barrésien et aragonien. Ce peuple de la Résistance, le peuple de Jeanne d'Arc, qu'il ait existé ou non, nous l'avions en commun. Mais le mien était indéplaçable. Je n'en ai plus. Benny, lui, a pu déplacer le sien : c'est sans doute une chance qui lui a été donnée, d'être juif[13]. »

Être juif : ainsi s'intitule l'ultime ouvrage de Benny Lévy, paru peu après sa mort, en 2003. Dès les premières lignes, ce livre evoque la période mao, celle des Lumières aveuglantes. Benny Lévy s'appelait toujours Pierre Victor, il n'avait pas encore fait retour vers le judaïsme, vers la mère : « Nous n'étions pas nés. Il le fallait, sous peine de reconnaître l'accent de la mère : juive. Les Lumières nous proposaient une cérémonie de la naissance. Un commencement absolu. Je ne pouvais alors rien lire qui fût écrit avant 1789, sans redouter, méfiant, quelque piège secret[14]. »

Benny Lévy était arrivé en France à l'âge de dix-huit ans. Venu d'Égypte, en partie élevé par des grands-parents qui parlaient l'arabe, cet apatride avait tout essayé pour habiter la langue française mieux que personne. Des journées entières, il avait fait la queue devant la préfecture de police, dans l'espoir d'obtenir un titre de séjour. Il s'était jeté dans les livres de Sartre. Il avait intégré Normale sup. Militant, il avait assimilé dans sa chair le prophétisme national, calant son désir sur l'impulsion 89 : le peuple français est le phare de l'humanité, sa colère est porteuse d'une universelle liberté. La tâche s'imposait : entretenir ce juste courroux. Au lendemain de Mai 68, se félicitait Jean-Paul Sartre, « quand la violence sembla prendre fin, il y eut des groupes pour tenter de la conserver en eux et de la ranimer dans les masses. Les maos furent les premiers de ceux-là[15]. »

Ouvriers, paysans et même petits commerçants : sous ses différentes figures, et quelles que soient ses origines, le peuple n'avait qu'un seul visage. Contre les théoriciens en chambre, les « intellectuels de gauche » qui se méfiaient des masses, le chef mao réaffirmait, toujours avec Sartre, que la fureur de la plèbe est spontanément morale. D'instinct, l'homme du peuple embrasse l'histoire, le surhomme révolutionnaire brise les fausses idoles et coupe les têtes : « Après le 21 janvier 93 : on ne pensait plus au Roi Jésus[16] », résumera Benny Lévy.

Comme l'ensemble de ses camarades, il s'était mis au diapason du peuple français, reprenant ses mots, imitant ses gestes. Au sein des usines, les « établis » devaient changer de peau. Benny Lévy, lui, avait troqué l'accent de sa mère pour les intonations du populo. À Normale sup, il avait appris par cœur des pages et des pages de vocabulaire grec. Désormais, avant d'aller haranguer les ouvriers de Renault-Billancourt, il potassait *L'Équipe*, de façon à connaître les résultats du foot sur le bout des doigts. À tout instant, il fallait servir le peuple. « Dans chaque acte de ta vie quotidienne ou de ta pratique sociale, tu te poses la question : qui servir ? [...] Est-ce que tu sers le peuple, ou bien le contraire du peuple, les ennemis du peuple, à savoir la bourgeoisie ? », déclarait le jeune dirigeant de la Gauche prolétarienne à la journaliste Michèle Manceaux, en 1972. Celle-ci poursuivait l'entretien :

« Est-ce que, forcément, il faut servir quelque chose ?

– Ah, oui !

– On peut penser et choisir de ne servir à rien ?

– Ça, ça ne marche pas. Il n'y a rien au-dessus des masses et de la lutte des classes. Il n'y a rien au-dessus.

– Et rien au-dehors ?

– Rien, rien[17]. »

Rien en dehors, rien au-dessus de la lutte des classes. Rien, non plus, avant la Révolution. 1789, année zéro : avènement de la souveraineté populaire, épiphanie du moderne Très-Haut. 1968, année pivot : après avoir triomphé du Christ-Roi, les masses devaient en finir avec le divin marché. La révolution ici et maintenant : telle fut « l'insoutenable intensité du vécu GP (tout dans l'instant)[18] ». On connaît la suite, la déception. Avec Sartre, Lévy essaiera de comprendre. Côte à côte, ils travailleront l'essentiel, la Révolution française, remontant à ses sources théologiques, à son souffle prophétique, au fondement biblique. Ainsi s'ouvrit le chemin du Retour.

Résumons : avant de devenir marxiste-léniniste, Guy Lardreau avait pleuré l'exécution de Louis XVI, le Roi Très-Chrétien. Après sa rupture avec le maoïsme, Benny Lévy regretta, lui, la mort d'un autre souverain : le Roi Moïse. Et il se mit à rêver de Restauration. Relisant *La République* de Platon, il constata : le peuple est coincé au fond de la caverne, il est embourbé dans le simulacre, le préjugé, la *doxa* ; d'où l'impasse de la démocratie moderne, qui a mis le peuple à la place du souverain, pour faire du pouvoir un lieu vide : « Ce lieu vide nous renvoie à la tête coupée du roi (du roi ou de Dieu –, roi de droit divin)[19]. » Éclairant Platon à la lumière de la Torah, l'ancien mao affirma : toute politique digne de ce nom est d'abord une pastorale ; le Pasteur garde et guide chacun de ses moutons.

Durant les années rouges, il n'y avait « rien » en dehors de la guerre sociale. Celle-ci évanouie, voilà la société réduite à rien, livrée au nihilisme, au « rienisme », selon le mot de Joseph de Maistre. Se référant à ce dernier, et surtout au Maharal de Prague, un savant juif du XVIe siècle, Benny Lévy définit désormais notre époque comme « l'empire du Rien ». Absence de Pasteur et règne du troupeau, ignorance de la Loi et prolifération des droits, oubli des hauteurs et bassesse de l'individu-roi : « Une transcendance vide, une transcendance morte – Rien – gouverne le monde[20]. » À ceux qui se disent « laïques », il lance : « Étudiez vraiment les *penseurs* de la démocratie – Hobbes, Spinoza, Rousseau. Leur problème est de définir une religion au fondement de l'État. Aucun auteur classique n'a pensé qu'on pouvait se passer d'une religion pour les temps modernes. Ils voulaient une religion universelle, une religion sans Église, etc. La première chose que Robespierre a faite, c'est une fête de l'Être suprême[21]. »

Hélas, l'Europe est sans mémoire, constate le chef de file des « Lévinassiens ». À la différence des États-Unis, qui continuent d'entretenir une relation avec la Bible, la vieille Europe ne veut plus rien savoir de son héritage religieux. Refusant l'idée même de vérité, elle s'abîme dans le relativisme culturel ; à genoux devant les fétiches droits-de-l'hommistes, elle s'enfonce dans l'insouciance progressiste : « J'ai eu des étudiants de licence qui ignoraient qui était Avraham, écrit Benny Lévy. On ne peut pas comprendre la vilaine férocité du discours progressiste actuel sans le référer à cette ignorance. Quiconque a quelque rapport "culturel" à la Bible ou aux patriarches, etc., ne saurait tenir le langage que nous entendons aujourd'hui sur Israël. Face à un tel effondrement de l'horizon biblique en Europe, quel sens aurait un programme de Renaissance[22] ? »

Car programme il y a. Et même si Lévy se décrit désormais, par opposition au « Juif du siècle », comme un pur « Juif du texte », qui voue son existence au seul renouvellement de l'Alliance ; même s'il affiche sa volonté de rompre avec l'histoire, pour se consacrer à la sanctification immobile du Nom ; même s'il prétend donner congé à la politique, donc, l'ancien chef maoïste n'a jamais renoncé à influencer les esprits. Jusqu'à son dernier souffle, il est resté un meneur d'hommes, un stratège passionné par la bataille des idées, un militant hanté par la question du pouvoir. C'était la conviction de son camarade Guy Lardreau, qui me l'avait exposée en ces termes : « Pour Benny, l'efficace dans le réel comptait plus que tout, en tout cas plus que la Vérité au sens grec du terme. Pour lui, la vérité importait comme puissance de transformation, pas comme puissance de contemplation. Le contemplativisme qu'il affichait à la fin de sa vie était bidon. Il y avait chez Benny une violence d'être aimé. Ce grand séducteur n'a jamais été intéressé que par une seule chose : le pouvoir. »

Guy Lardreau se présentait comme un athée romain. Benny Lévy fut un athée rabbin. En 1984, lorsqu'il entra à la yeshiva de Strasbourg pour étudier la Torah, il demeurait totalement étranger à la foi. Comme Milner, qui invoque sans cesse « l'étude juive » sans jamais prendre en compte l'expérience messianique[23], Lévy est toujours resté un « inconverti ». Son horizon demeurait un judaïsme du dehors, une apologie extérieure. Chez lui, la soif d'absolu s'exprima de façon d'autant plus brutale qu'il ignorait ce que croire signifie : « Benny ne croyait pas en Dieu, il se tenait devant lui, témoigne Alain Finkielkraut. Quand il était en retard pour une prière, il avait le sentiment de manquer un rendez-vous. Six mois avant sa mort, il me bousculait encore : "Écoute, Alain, toi et moi nous avons cent vingt ans. Que transmettras-tu à tes enfants ?" »

Comme Milner encore, qui utilise les concepts du savoir européen pour exhorter les Juifs à rompre avec ce même savoir européen, Benny Lévy clamait sa volonté d'en finir avec la culture moderne... sans pouvoir renoncer une seconde à la langue des philosophes. Tout en insistant sur la « guerre » millénaire entre sagesse juive et sagesse occidentale, ce normalien n'a pas cessé de commenter Husserl et Heidegger. Bien plus, il a reconnu, à l'origine de son propre cheminement, le rôle crucial de Platon : « D'abord et avant tout, Platon : la porte qui a coulissé, c'est le retour à Platon. » Et un an avant sa mort, quand il disait « nous », l'ancien chef de la Gauche prolétarienne s'inscrivait encore dans cette tension : « Nous – Israël, ou l'Occident », écrivait-il[24].

À Jérusalem, du reste, les fréquentations de Benny Lévy étaient essentiellement francophones, et les querelles parisiennes demeuraient au cœur de ses préoccupations. Très éloigné du savant en religion, qui partage son existence entre les pratiques rituelles et l'étude des textes, sans trop accorder d'attention à l'agitation extérieure, l'ancien militant multipliait contacts et voyages de part et d'autre de la Méditer-ranée. À sa manière, il entendait peser sur chacun. Avec les Juifs éloignés du judaïsme, d'abord, il jouait sur la culpabilité, reprenant à son compte une tech-nique bien connue des rabbins : infantiliser le père qui ignore l'hébreu, de préférence le jour où il célè-bre la bar-mitsvah de son fils. Avec les chrétiens qu'il désirait rallier, ensuite, Benny Lévy usait de l'intimida-tion : là encore, il s'agissait avant tout de séduire, un peu comme les maos gagnaient le cœur des « démo-crates sincères » et des « amis progressistes », autre-fois, en misant sur leur masochisme, leur mauvaise conscience.

Au moment où quelques théoriciens proches du gauchisme, tel Michel Foucault, redécouvraient l'apti-tude du sentiment religieux à devenir force maté-rielle, puissance révolutionnaire, Lévy faisait retour à la Torah et réinventait une politique. Ou plutôt une « métapolitique », selon le mot de Maistre[25] : les fondements de la société ne peuvent qu'échapper à la raison humaine, et la bonne politique exige d'organiser l'idée de Dieu. Primauté du spirituel ? Certes. Mais politique d'abord !

Lorsqu'il fut surpris par la mort, du reste, Benny Lévy se trouvait en route pour Paris, où il devait participer à un rassemblement militant. Celui-ci se tint finalement en son absence, on s'en souvient, au théâtre Hébertot, le 10 novembre 2003. Intitulé « La question des Lumières », le meeting venait conclure une campagne dont le moment central était la publication simultanée de trois livres aux éditions Verdier : deux d'entre eux étaient inédits, *Être juif*, de Benny Lévy, et *Les Penchants criminels de l'Europe démocratique*, de Jean-Claude Milner ; le troisième, *Notre objet* a, de François Regnault, était réédité avec un avant-propos original. Ces textes allaient produire leurs effets. De quoi s'agit-il[26] ?

S'autorisant de Lacan, *Notre objet* a soutient que le Juif est la cause obsédante du désir occidental. Ce qui signifie, quant à l'Occident, au moins trois choses. L'Occident, c'est d'abord le lieu où le nom juif fait question, où tout le monde en parle. L'Occident, ensuite, c'est le lieu où, sur LA question, chacun a toujours déjà pris son parti inconsciemment : « En cas de discussion sur le conflit entre un État juif, quel qu'il soit, l'État d'Israël par exemple, et n'importe quel autre État, chacun des interlocuteurs, au fond de lui-même, a déjà choisi – de toute éternité. » L'Occident, c'est enfin le lieu où l'universalisme moderne exige le sacrifice du nom propre, en particulier celui du nom juif : « Sur ce nom-là, plus que sur aucun autre, [la politique] a demandé à bien des militants, juifs et non, de céder, [...] beaucoup l'ont fait[27] », note François Regnault.

S'expliquant avec Levinas, *Être juif* veut en finir avec cette figure qui a sacrifié son nom sur l'autel de la politique moderne : le Juif athée, émancipé, autant dire honteux. Selon Benny Lévy, s'impose alors un double geste. D'une part, se retourner vers la Torah. D'autre part, rompre avec l'Europe.

Se réclamant de Foucault, *Les Penchants criminels de l'Europe démocratique* s'efforce de rendre cette rupture irréversible. Depuis 1789, assure Jean-Claude Milner, l'Europe envisage le « nom juif » comme un problème à résoudre. Fidèle à la modernité rationaliste, elle a voulu apporter à ce problème une solution définitive. En ce sens, la Shoah représente l'aboutissement logique des Lumières. Hier, pour que l'Europe s'unisse, il fallait soit que le Juif s'assimile (solution des Lumières), soit qu'il périsse (solution de Hitler). À présent, l'Europe unie désire la mort d'Israël, qui est le nom de sa mauvaise conscience. D'où, sous couvert d'antisionisme, le retour d'un antijudaïsme féroce. Conclusion : « Le premier devoir des Juifs, c'est de se délivrer de l'Europe. »

Inspiré par l'archéologie foucaldienne de la modernité et par la logique lacanienne des « touts », un couple conceptuel structure cet argumentaire : le couple limité/illimité. L'Europe démocratique, dit Milner, est « au régime de l'illimité ». À l'intérieur, elle a délaissé son héritage politique en mettant la société au poste de commandement : son souci est de satisfaire la prolifération infinie des demandes sociales. À l'extérieur, elle a renoncé à la guerre en faisant de la réconciliation un idéal : son obsession est de favoriser l'expansion infinie de la paix. D'où la convergence avec une autre forme d'illimité : le djihad. Alliance entre « l'illimitation européenne, d'une part (la société conforme à la modernité européenne doit s'étendre à l'humanité entière), et l'illimitation musulmane, d'autre part (la société conforme au Coran doit s'étendre à l'humanité entière). Non pas choc des civilisations, mais, au contraire, insertion réciproque, [...] comme la prise mâle et la prise femelle des électriciens. »

Coalition contre coalition, Milner dévoile les forces en présence. Aux puissances de l'illimité, paix européenne et djihad musulman, il oppose les hommes de la limite : les porteurs du nom juif, d'un côté ; les partisans de Charles Maurras, de l'autre.

Face à une Europe démocratique qui se précipite sur la voie de « l'illimité », en effet, les Maurrassiens apparaissent comme « les tenants les plus consistants des touts limités », affirme Milner : « Le maurrassisme s'oppose de toutes ses forces intellectuelles et matérielles à l'illimitation moderne, jusqu'à thématiser explicitement la primauté de la politique (touts limités) sur le social (illimité). » S'opposer de toutes ses forces, c'est faire barrage. Or, si le nom juif est insupportable à l'Europe moderne, toujours selon Milner, c'est précisément parce que ce nom se place, lui aussi, en travers du processus d'illimitation. Ici, le Juif est mis en équation avec le Maurrassien, et l'alliance entre les uns et les autres semble un fait structurel.

Bien sûr, il fut un temps où le Maurrassien tenait le « discours antisémite le plus acharné ». Mais que reprochait-il aux Juifs ? D'être les agents du cosmopolitisme, de ne reconnaître ni patries ni frontières. On connaît la funeste ritournelle : ils sont partout, ils sont nulle part, ils n'ont pas de territoire, etc. Milner connaît les accusations de trahison, de complot. Il rappelle qu'aux yeux des antisémites, le nom juif ne laissait aucune limite indemne, pas même celle qui marque la différence des sexes : « Les traits femelles de Léon Blum ne cessent d'être moqués par les pamphlétaires[28]. »

À Berlin comme à Paris, cette rhétorique a fonctionné. Elle a rendu possible la Shoah. Traqués à travers toute l'Europe, les Juifs ont été exterminés par millions. Pour de bon, ils ont reconsidéré la question nationale. En créant l'État d'Israël, ils renouaient avec une longue tradition : la patrie charnelle. Mais, par là même, ils s'exposaient à un nouveau type de réprobation. Hier, on les accusait d'errer à la surface de la terre, de saper les fondements des identités nationales, de former « un État dans l'État » (Maurras) ; à présent, on les accusera de chauvinisme tribal, on leur reprochera de sombrer dans un nationalisme de la terre et du sang.

En ce sens, le Lévinassien devine ce qui l'attend. Pour qui définit l'idéal démocratique comme un métissage universel, le Juif charnel, inscrit dans l'alliance et la filiation, ne peut que susciter l'aversion : « Ce dont les Juifs ont à répondre désormais, écrit Alain Finkielkraut, ce n'est pas de la corruption de l'identité française, c'est du martyre qu'ils infligent, ou laissent infliger en leur nom, à l'altérité palestinienne. [...] Loin de mettre en cause l'inquiétante étrangeté des Juifs, on leur en veut de nous rejoindre au moment où nous nous quittons, on se désole de leur assimilation *à contretemps* et du chassé-croisé qui les fait tomber dans l'idolâtrie et la sanctification du Lieu quand le monde éclairé se convertit en masse au transfrontiérisme et à l'errance[29] ».

Parallèlement, le Maurrassien est contraint de changer son fusil d'épaule. Dès lors que le peuple juif prend sa place au rang des nations, tout est bouleversé. Bien plus, tandis que l'Europe se lance dans une construction supranationale qui doit signifier la destruction des souverainetés, les héritiers de l'Action française vacillent, allant parfois jusqu'à considérer Israël comme le refuge de leurs propres espérances : « Le vieil enseignement de Maurras sur la finance juive internationale et anonyme ne s'applique pas à Israël puisque Israël est tout le contraire. [...] Il s'agit d'un État nationaliste dont tous les hommes ont retrouvé naturellement l'enracinement du sol et des ciels qu'avait chantés Maurice Barrès[30] », écrivait *Aspects de la France*, le journal de l'Action française, en juin 1967. Au même moment, alors que l'on célébrait le dixième anniversaire du traité de Rome et que les chars de Tsahal déferlaient sur les armées arabes (guerre des Six Jours), Pierre Boutang livrait son sentiment dans les colonnes de son propre hebdomadaire, *La Nation française* : « À cette heure il n'y a pas d'Europe. L'homme européen ne se trouve pas éminemment en Europe, ou n'y est pas éveillé. Il est, paradoxe et scandale, en Israël[31]. »

Cela posé, le raisonnement de Jean-Claude Milner se laisse aisément saisir : à présent, s'il est un nom qui mérite les griefs que les Maurrassiens lançaient autrefois aux Juifs, dit-il, c'est celui d'Europe. C'est elle qui ne tolère plus aucune limite sociale et politique, c'est elle qui prétend en finir avec les frontières, c'est elle dont les lois vont jusqu'à remettre en question le partage des sexes, en tentant de disjoindre procréation et parentalité. Au contraire, le nom juif fait ici exception. Sur le plan politique, Israël s'inscrit précisément dans les formes limitées que l'Europe tend à abandonner : un peuple, un territoire, un État. Sur le plan charnel, la vie juive vient sans cesse refonder l'idée de filiation, ainsi que la division masculin/féminin : cette existence n'est-elle pas fondée sur le principe d'une transmission continue, de génération en génération, par l'esprit (via l'étude) et par le corps (via la mère) ?

Notre monde serait donc le théâtre d'une bataille décisive. Dans ce face-à-face métaphysique, partisans de l'illimité et gardiens de la limite se livreraient une guerre sans merci. Sous la plume martiale de Jean-Claude Milner, la confrontation est sanglante. Entre deux assauts, quand les armes se taisent, un cadavre apparaît, gisant sur la ligne de front : le Juif moderne et ses deux principaux avatars. Autrement dit le Juif assimilé, qui a aimé la République jusqu'à la folie, et le Juif révolutionnaire, qui s'est jeté à corps perdu dans l'espérance d'émancipation.

À ces naïfs, Milner réserve ses sarcasmes les plus cruels. Dans *Le Juif de savoir*, qui fait suite aux *Penchants criminels de l'Europe démocratique*, il définit ainsi l'assimilation : non pas comme la démarche à travers laquelle les Juifs tentent de se faire accepter par une société, mais comme « une des formes d'arrangement que les Juifs élaborent pour se supporter eux-mêmes ». Il moque « l'Israélite français », qui voulut fuir sa condition et s'est laissé contaminer par la modernité républicaine. Il précise que, si cela fut possible, c'est parce que le « pays légal » (les élites républicaines) imposait la citoyenneté des Juifs à un « pays réel » (la France d'en bas) qui n'en voulait pas. « Là encore, Maurras avait raison », affirme Milner, avant d'ajouter : « L'espérance des Français israélites et la crainte des Maurrassiens portaient sur le même avenir : qu'à l'issue du processus de transformation du pays réel par le pays légal, l'entrée des Juifs dans la société finisse par se produire. [...] L'événement viendrait couronner et accompagner l'assimilation française. Pour le meilleur, selon les uns, et pour le pire, selon les autres[32]. »

Parmi les autres, il y a les Maurrassiens. Il y a aussi Jean-Claude Milner et ses amis « lévinassiens ». Dans leurs textes, l'assimilation est mise sous le signe de la catastrophe. Et le Juif assimilé est appelé canaille, ou chien : « Ce sont souvent des Juifs retournés, des Juifs convertis qui ont eu ce rôle-là ! écrit Benny Lévy. Alors aujourd'hui, nous avons la relève, à une petite différence près : c'est que les anciens chiens du maître avaient rapport à un maître qui était encore divin, alors qu'aujourd'hui, la chiennerie, c'est la chiennerie du rien, parce que le maître, c'est le rien – voilà ce que nous avons en face de nous[33]. »

Telle est la situation. Un demi-siècle après la Shoah, « Lévinassiens » et Maurrassiens ont un ennemi commun, incarnation du cauchemar républicain : le Juif déjudaïsé. C'est-à-dire celui qui fuit et son identité et sa vocation : enseigner l'art d'être un peuple aux nations. Alain Finkielkraut précise : « La présence d'une galerie des rois de Juda sur la façade de Notre-Dame et celle de David sur la façade de la cathédrale de Reims attestent l'importance du modèle d'Israël dans la constitution et la personnalisation de la nation française. On peut même dire, avec Paul Thibaud, que "les royautés chrétiennes ont été une résurgence du judaïsme à l'intérieur du christianisme"[34]. »

À travers le Juif émancipé, toutefois, ce qui se trouve visé, c'est moins le Juif que l'émancipation. Car, pour les « Lévinassiens » comme pour les Maurrassiens, la cible ultime s'appelle Occident moderne. À cet Occident-là, issu des Lumières, qui prétend débarrasser l'individu des contraintes de la tradition, ils en opposent un autre, respectueux de son héritage, et qui affirme le primat de la communauté culturelle. Être d'Occident, ici, ce n'est pas appartenir à une même ethnie, encore moins à une même « race », c'est partager des symboles, incarner une langue, reconnaître les événements spirituels par quoi cette civilisation s'est construite : miracle grec, droit romain, éthique biblique, révolution chrétienne, voire pensée libérale. « Occident signifie liberté de l'esprit[35] », résumait Emmanuel Levinas.

C'est donc admettre qu'on n'échappe pas à son héritage, accepter la toute-puissance de l'origine, l'absolue suprématie du naître : « Notre société natale nous est imposée. [...] Nous avons seulement la faculté de l'accepter, de nous révolter contre elle, peut-être de la fuir sans pouvoir nous en passer essentiellement[36] », écrivait Maurras. « Vous aurez beau devenir sociologue, révolutionnaire, Juif réformé, vous ne changerez *rien* à ce fait foncier, fondamental, initialement et destinalement : vous êtes nés, du début jusqu'à la fin[37] », prévenait de son côté Benny Lévy, dont les textes sont maintenant lus avec une bienveillante attention par certains héritiers de l'Action française, et en particulier par les élèves de Pierre Boutang[38].

Ce clivage entre deux conceptions de l'Occident en recoupe un autre : le partage entre, d'un côté, une Europe oublieuse de ses traditions, installée dans le pacifisme et la repentance, et, de l'autre, une Amérique qui n'est certes pas sans défaut, mais qui garde au moins en mémoire son héritage spirituel, tout en maintenant vivante une solide conception de la souveraineté. « Il est vrai que l'Occident est double ; il faut distinguer entre USA et Europe – la vieille Europe, l'expression est brusquement devenue notoire », écrit Jean-Claude Milner, dans une allusion au mot prononcé en janvier 2003 par le secrétaire à la Défense américain, Donald Rumsfeld. Car la mythologie de l'Europe contemporaine, poursuit le linguiste, s'énonce comme une série de théorèmes puérils, comme une « axiomatique de bébé » : le triple refus des limites, de la guerre et de la spiritualité.

L'Europe ne veut plus de limites : « Tout le pourtour méditerranéen pourrait à terme se trouver inclus dans l'Euroland : *mare nostrum*. [...] Quand on a combiné le vieux rêve arabo-immémorial des Français au vieux rêve ottoman des Allemands, sans oublier le vieux rêve russe des Détroits, tout devrait être permis. [...] L'Europe dort, mais le dormeur, sans se réveiller et par des mouvements paisibles, gagne progressivement de la place dans son lit. »

L'Europe ne veut plus de guerre : « Un exemple particulièrement révélateur : le véritable affolement qui a saisi les meilleurs esprits devant le conflit des Balkans. Il faisait revenir des figures d'une histoire d'avant le traité de Rome. [...] Impossible à l'axiomatique européenne d'absorber une réalité qui la contredisait aussi directement. Aussi fallut-il faire appel aux USA. »

L'Europe ne veut plus de spiritualité : « Le bon Européen est tout à la fois pacifique dans ses conduites et pacifié dans son âme. L'habite un minimum spirituel, en dessous de quoi nul ne peut descendre, sous peine de barbarie [...]. En Europe et notamment en France, il semble bien se ramener à un christianisme modéré, non confessionnel et sans prêtres [...]. Compte tenu de l'histoire coloniale et des migrations, le minimum spirituel devrait s'ouvrir à un mahométisme modéré. Quitte à ce qu'il faille se contenter de baptiser modéré ce qui ne l'est pas. »

Ces trois refus pavent la voie de l'enfer européen. Face à une telle spirale, explique Milner, un nom et un seul se dresse, encore et encore, au point de faire scandale : « En vérité, il n'y a qu'un seul obstacle réel, hormis les USA – mais quoi, ce sont des fous et des enfants. Cet obstacle, c'est l'existence d'un État nommé Israël[39] », c'est-à-dire d'une nation qui défend son territoire la Bible à la main.

Il est temps de conclure. Le scepticisme envers les Lumières, la critique de la raison progressiste, la méfiance vis-à-vis des discours « droits-de-l'hommistes », le procès de l'individu démocratique et de sa préten-due émancipation, la répugnance à l'égard du nihi-lisme moderne, l'insistance sur les racines spirituelles de toute nation qui se respecte, l'attachement à l'ancienne grammaire des États souverains, l'opposi-tion tracée entre impuissance européenne et vigueur américaine : on reconnaît ici le répertoire du néo-conservatisme.

Aux États-Unis comme en Europe, ceux qui incarnent ce courant partagent une conviction : il n'y a qu'une seule civilisation, elle se nomme Occident. Ils divergent toutefois sur la question de son lea-dership : tandis qu'à New York on croit à la vocation messianique de l'Amérique, à Paris on demeure persuadé que la France est le phare de l'humanité. Pour le reste, des deux côtés de l'Atlantique, les pères fondateurs du néoconservatisme ont fait leurs classes à l'école du gauchisme. Si tous répugnent aujourd'hui à prendre en compte les données économiques ou sociales, c'est qu'ils se définissent comme d'anciens marxistes ayant été « giflés par la réalité », selon le mot d'Irving Kristol. À New York comme à Paris, ce mouvement est animé par une poignée d'intellectuels au style intransigeant, qui n'ont aucun désir de conserver les choses dans l'état où elles sont.

L'histoire du néoconservatisme américain est connue. La scène originelle se situe dans les années 1930, au cœur de la cafétéria du City College de New York. Jour après jour, les staliniens de « l'alcôve Two » y étaient conspués par les trotskistes de « l'alcôve One ». Le néoconservatisme naît parmi ces derniers, des étudiants hardis mais peu implantés dans le monde ouvrier. Ce sont souvent des enfants d'immigrés, dont les parents viennent d'Europe centrale ou d'Irlande. Ils doivent tout au rêve américain. Après avoir délaissé l'internationalisme de leur jeunesse, ils garderont une foi invincible dans la mission civilisatrice de leur pays. De l'antistalinisme des années 1930 à l'antitotalitarisme de guerre froide, les générations succédant aux générations, ces idéalistes ont donné le signal d'une aventure qui a mené l'Amérique jusqu'à Bagdad[40].

En France, le phénomène naît plus tard. Le néoconservateur n'est pas un trotskiste qui a rejoint l'élite, mais un maoïste qui a perdu son peuple[41]. Parce qu'il est passé du culte de l'Orient rouge à la défense de l'Occident, je l'appelle « Maoccident ». Pour tenir ce rôle, il a les qualités requises : il appartient à la petite bourgeoisie intellectuelle de langue française. Comme tel, il conjugue l'audace du petit bourgeois, le manichéisme propre à l'intellectuel, l'arrogance qui distingue l'esprit français. Une dernière fois, reprenons ces points un par un.

1) Le Maoccident est un petit bourgeois et il est fier de l'être. Avant Barthes, mieux que Poujade, il a expérimenté la puissance d'enthousiasme et de colère dont ce milieu est capable. Sur la route du Maoccident, la petite bourgeoisie est au départ et à l'arrivée : il en vient, il y retourne. Entre les deux, on trouve l'expérience de l'« établissement », dont il a conclu que le prolétariat n'était porteur de rien, sauf de ses chaînes.

Telle est la conclusion de l'ancien gauchiste revenu de tout et d'abord de l'usine : le mouvement ouvrier est une blague, les travailleurs sont soumis. Chaque fois qu'ils se sont révoltés, ce fut sous l'impulsion du seul groupe réellement subversif : la petite bourgeoisie. 1789 fut son œuvre, Mai 68 aussi, toujours elle guida les multitudes, toujours en s'excusant d'exister. Longtemps, les maoïstes jouèrent cette bonne vieille comédie de la culpabilité, telle que le marxisme-léninisme l'avait scénarisée : aux ouvriers la gloire, aux petits bourgeois le sacrifice, la haine de soi. Tout cela appartient au passé. Trahie par la droite, piétinée par la gauche, la petite bourgeoisie a appris à compter sur ses propres forces, et c'est en solitaire qu'elle repart maintenant à l'assaut du ciel.

2) Le Maoccident est un intellectuel, un homme qui a fait des idées son principal souci. Son problème n'est pas de connaître le vrai, mais d'avoir raison. Bien sûr, dans le cadre d'un échange rationnel, son mépris des faits pourrait l'affaiblir. Au sein de l'arène idéologique, en revanche, ce mépris constitue une arme redoutable : l'argumentation est d'autant plus efficace qu'elle ignore les données effectives. Dire oui, dire non, trancher brutalement, le Maoccident connaît son office. À ses yeux, défendre une thèse revient à choisir son camp. Cette logique duelle, qui envisage la scission comme le destin de toute idée, on l'appelle manichéisme. Elle suppose que chaque conviction vaut d'emblée épuration, partage radical entre amis et ennemis : prolétaires contre

bourgeois, hier ; Occidentaux contre Orientaux, aujourd'hui.

L'outil de cette épuration est une prose teigneuse, entre noblesse rhétorique et verve pamphlétaire, où le réel fournit matière à une expérimentation hystérique sur les pouvoirs du discours. En tant qu'intellectuel, le Maoccident s'inscrit dans la lignée de l'écrivain-philosophe à la française. Pour lui, le français est la langue politique par excellence. C'est celle des révolutions et des contre-révolutions. Celle de Sartre, qui définissait les mots comme des « pistolets chargés ». Celle de Maurras aussi : « Pour bien écrire la langue française, il faut respecter le rêve qu'elle a formé d'elle-même et ce rêve ramène à Maurras[42] », a noté Jean-Claude Milner. À partir de 1789, l'écrivain-philosophe se prit pour un roi. « Aucun gouvernement ne fut plus littéraire », admettait Maurras. Le Maoccident est l'héritier de cet imaginaire où les lettrés sont les vrais princes de la politique. Contrairement au néoconservateur américain, il ne vise aucune fonction officielle. Aux postes de ministre ou de conseiller, il préfère un magistère littéraire. Il a conscience que ses thèses n'ont jamais autant d'influence que lorsqu'elles sont portées par un activisme diffus. Pour déterminer l'esprit public, ce seigneur du verbe mise sur les idées, leur circulation souterraine, leur puissance de séduction. Un peu à la manière des penseurs « straussiens » de Washington ou de New York, qui laissent à quelques figures médiatiques le soin de vulgariser leurs axiomes souvent abscons, le Maoccident s'en remet aux amis pour traduire ses textes dans le langage médiatique, les publier dans telle revue confidentielle, les commenter dans tel institut abandonné.

3) Le Maoccident est un Français forcené. La virulence avec laquelle il critique sa patrie est à la mesure de l'amour qu'il lui porte. Parmi les dirigeants maoïstes des années 1970, certains sont des enfants d'immigrés, d'autres ont grandi dans les anciennes colonies. Tous entretiennent un lien passionnel avec l'histoire du pays, de ses soulèvements et de ses coups de force. Durant les années rouges, ils se sont emparés de tous les symboles nationaux, découvrant Maistre et se réclamant de 1789, lisant Bloy et rêvant à la Commune, dévorant Barrès et jetant les bases d'une « nouvelle Résistance ». Dans leur discours, la Chine n'a jamais été qu'un prétexte : ces « gardes rouges » se moquaient bien de ce qui se passait à Pékin, ils n'avaient aucun lien avec une quelconque Internationale. Pour les éternels khâgneux qui fondèrent jadis la Gauche prolétarienne, la rue d'Ulm demeure l'axe du Bien, Paris reste le

centre du monde. Si le gauchisme lacano-normalien peut maintenant accoucher d'un néoconservatisme cocardier, c'est parce que le maoïsme occidental n'a jamais été qu'une fièvre française, un nationalisme intégral.

Une institution fonde l'esprit français comme génie universel : l'école. Élève modèle, le Maoccident chérit le savoir, et spécialement le savoir désintéressé, indemne de toute logique extérieure, technique ou mercantile. Il sait que l'école, comme espace dévolu à la transmission, est l'une des innovations qui ont permis l'avènement de la culture occidentale, à la jonction entre Athènes et Jérusalem : « Impression de paix. Je visite la yeshiva. On se croirait à l'Académie grecque[43] », a noté Éric Marty de retour d'Israël, où Benny Lévy l'avait invité à donner un séminaire sur Pascal. Il sait aussi qu'en Occident, la France est le seul pays dont l'identité se confond avec une politique scolaire. La Grande-Bretagne s'identifie à l'*habeas corpus*, les Pays-Bas au principe de tolérance, les États-Unis à la Constitution, la France ne fait qu'un avec son école : ce constat rassemble les amis et les ennemis de la République, ceux qui en incarnent les héritiers fidèles comme ceux qui en assument le côté obscur[44].

« Les idées sont encore des forces par elles-mêmes. Mais dans vingt ans ? Dans trente ans ? », s'alarmait Maurras en 1905, décrivant l'intelligence française comme « une ancienne reine détrônée », et pleurant le sort des plumes humiliées : « Un prolétariat intellectuel, une classe de mendiants lettrés comme on en a vu au Moyen Âge, traînera sur les routes de malheureux lambeaux de ce qu'auront été notre pensée, nos littératures, nos arts[45]. » Un siècle plus tard, Jean-Claude Milner publie l'acte de décès : il n'y a plus de vie intellectuelle en France, dit-il, l'étude est proscrite, les êtres dévoués au savoir sont condamnés à la solitude, à la honte. Face à cette situation, le Maoccident porte haut la flamme de l'esprit français. Contre la pédagogie moderne, qui exige de l'école qu'elle reflète la société, il défend la dimension frondeuse du talent, le caractère rebelle de l'excellence. Aux intellectuels précarisés, ce maître penseur lance un appel à la mobilisation : « Aller là où les mènent les forces du savoir et de l'étude, sans craindre de déplacer les assis, de détrôner les puissants et d'exalter les méconnus[46]. »

Les maîtres, nous étions partis de là. Nous voici maintenant en mesure de percevoir le malentendu qui les a réduits au silence, ainsi que la vérité de leur enseignement. Eux qui sont censés incarner la gauche progressiste et soixante-huitarde, eux qu'on accuse désormais d'avoir trahi leur jeunesse, voilà qu'ils délivrent au contraire une leçon de fidélité. Depuis l'origine, ils n'auront jamais cessé d'articuler politique spirituelle et cléricalisme athée, passion de l'avenir et haine de la modernité. En bref, ils auront porté jusqu'à l'incandescence les deux faces de l'extrémisme français, gauche insurrectionnelle et droite révolutionnaire, élitisme de masse et populisme aristocratique, maoïsme ossifié et royalisme nébuleux. S'ils ne sont pas seuls à défendre les idées qui leur sont chères, ce singulier alliage leur donne une puissance de frappe dix fois supérieure à celle de leurs concurrents.

Les Maoccidents n'ont jamais été de gauche, on ne peut donc dire qu'ils ont viré à droite. Eux qui ont toujours vomi le progressisme, on ne saurait non plus les qualifier de « nouveaux réactionnaires ». Parce que le sentiment qui les habite est moins la nostalgie recuite que l'enthousiasme ravageur, on ferait encore fausse route en les nommant « conservateurs ». Mieux vaut alors parler de « néoconservateurs », puisque ce label désigne non pas des partisans du *statu quo* mais des révolutionnaires d'un genre inédit[47]. Tels sont les Maoccidents. Des hommes d'ordre et d'indiscipline, qui ont tout autre chose en tête que la tranquillité sociale. Des aristocrates de plume et d'épée, qui se placent résolument à l'arrière-garde de l'avant-garde, comme disait Barthes. Des écrivains émeutiers, de ceux qui aiment jouer avec le feu, et qui préparent déjà la prochaine révolution culturelle.

NOTES

PROLOGUE. LES MAÎTRES DU SILENCE

1. Le présent essai prolonge l'enquête en filiation menée dans *Leur jeunesse et la nôtre. L'espérance révolutionnaire au fil des générations*, Stock, 2005.

2. Cette série en cinq volets a été publiée dans *Le Monde* du 29 avril au 5 mai 2008, sous le titre « De la lutte des classes à la guerre des anges ». On en trouvera une version largement étoffée dans la partie centrale de cet essai.

3. Sur le lien spécifiquement « gauchiste » entre aphasie parentale et transmission bloquée, voir Virginie Linhart, *Le Jour où mon père s'est tu*, Seuil, 2008.

4. Jean-Claude Milner, *Les Noms indistincts*, Seuil, 1983, rééd. Verdier, 2007, p. 136 et 140.

5. Voir Marion Van Renterghem, « Glucksmann décoré par Sarkozy », *Le Monde*, 17 avril 2009 ; et John Vinocur, « A friend tells Sarkozy how he is wrong », *International Herald Tribune*, 21 avril 2009.

DE LA LUTTE DES CLASSES
À LA GUERRE DES ANGES

1. Benny Lévy, *Le Meurtre du Pasteur*, Grasset/Verdier, 2002, p. 13.
2. *Ibid.*
3. Christian Jambet et Guy Lardreau, *L'Ange*, Grasset, 1976, p. 10.

MAI 68, UNE « DIVINE SURPRISE »

1. Entretien avec Benny Lévy, *in* François Samuelson, *Il était une fois Libé*, Seuil, 1979, rééd. Flammarion, 2007, p. 321.

DES « CURÉS ROUGES » À BILLANCOURT

1. Cité *in* Monique Bel, *Maurice Clavel*, Bayard, 1992.
2. Cité *in* Christophe Bourseiller, *Les Maoïstes*, Plon, 1996, rééd. « Points », 2008, p. 182. À ce jour, ce livre constitue la seule histoire du maoïsme à la française.
3. Philippe Gavi, Pierre Victor et Jean-Paul Sartre, *On a raison de se révolter*, Gallimard, 1974, p. 151.
4. Robert Linhart, *L'Établi*, Les Éditions de Minuit, 1978, p. 94.
5. Daniel Rondeau, *L'Enthousiasme*, Quai Voltaire, 1988 ; rééd. Grasset, 2006, p. 118.
6. *Ibid.*, p. 68.
7. Jean-Claude Milner, *L'Arrogance du présent*, Grasset, 2009, p. 137.

L'ÉTINCELLE DE LA TORAH

1. Jean-Paul Sartre, Benny Lévy, *L'Espoir maintenant. Les entretiens de 1980*, Verdier, 1991, p. 42 et 75. Sur la rencontre Jean-Paul Sartre/Benny Lévy, on lira les pages que Bernard-

Henri Lévy a placées en conclusion de son *Siècle de Sartre*, Grasset, 2000.

2. Benny Lévy, *Être juif. Étude lévinassienne*, Verdier, 2003, p. 13.

3. Benny Lévy, *La Confusion des temps*, Verdier, 2004, p. 53.

SAINT PAUL AU MILIEU DU FRONT

1. Ces deux citations sont prélevées *in* Daniel Bensaïd, *Résistances. Essai de taupologie générale*, Fayard, 2001, p. 152 et 163.

2. Alain Badiou, *Saint Paul. La fondation de l'universalisme*, PUF, 1997, p. 2.

3. *Ibid.*, p. 24. Voir aussi Jean-Michel Rey, *Paul ou les ambiguïtés*, Éditions de l'Olivier, 2008.

4. Benny Lévy, *La Confusion des temps*, *op. cit.*, p. 39.

5. *Ibid.*, p. 21.

6. Leo Strauss, « Jérusalem et Athènes », repris *in Pourquoi nous restons juifs*, La Table ronde, 2001, p. 135.

ÉPILOGUE. LA FRANCE MESSIANIQUE,
OU L'ULTIME HARDIESSE DE L'OCCIDENT

1. Je remercie Dominique Weinzorn de m'avoir autorisé à citer son courrier.

2. Voir *Mao ou Maurras ?*, de Philippe Hamel et Patrice Sicard, Beauchesne, 1970 ; et Patrick Louis, *Histoire des royalistes*, Éditions Jacques Grancher, 1994.

3. « Je n'ai jamais été de gauche », disait lui aussi Benny Lévy, comme en témoigne Bernard-Henri Lévy dans *Ce grand cadavre à la renverse*, Grasset, 2007, p. 43.

4. Au moment de la Libération, c'est Boutang qui s'était chargé d'aller voir Louis Massignon pour le convaincre de signer l'appel à la grâce en faveur de Robert Brasillach. Voir « Il faut revenir plus loin », entretien avec Pierre Boutang,

propos recueillis par Paul-François Paoli, *Les Provinciales*, octobre 2002.

5. Cité dans Paul-François Paoli, « Christian Jambet, pèlerin de l'absolu », *Le Figaro littéraire*, 24 avril 2008.

6. Christian Jambet, « Léon Bloy exégète de l'histoire », *in Cahiers de l'Herne Léon Bloy*, sous la direction de Michel Arveiller et Pierre Glaudes, Éditions de L'Herne, 1988.

7. Christian Jambet, « Le refus islamique de la mondialisation », *La Revue des deux mondes*, février 2000.

8. Christian Jambet, « Le pape Benoît XVI et l'unité spirituelle de l'Europe », *in* Jean Bollack, Christian Jambet et Abdelwahab Meddeb, *La Conférence de Ratisbonne. Enjeux et controverses*, Bayard, 2007, p. 38-40.

9. « Christian Jambet, esquisse d'un itinéraire », propos recueillis par Antoine de Meaux, *Nunc*, juin 2006.

10. Christian Jambet, propos recueillis par Jean Birnbaum, *Le Monde*, 26 juin 2001.

11. Daniel Rondeau, *L'Enthousiasme, op. cit.*, p. 20.

12. *Ibid.*, p. 83 et 95.

13. Extrait du documentaire d'Izy Morgenstern, *Benny Lévy, la révolution impossible*, diffusé sur Arte en 2008. Je remercie Izy Morgenstern de m'avoir communiqué la retranscription de ce passage non diffusé, ici mis en forme pour les besoins de la publication.

14. Benny Lévy, *Être juif, op. cit.*, p. 7.

15. Préface de Jean-Paul Sartre à Michèle Manceaux, *Les Maos en France*, Gallimard, 1972, p. 8.

16. Benny Lévy, *Pouvoir et Liberté*, Verdier, 2007, p. 109.

17. Michèle Manceaux, *Les Maos en France, op. cit.*, p. 241.

18. Benny Lévy, *Pouvoir et Liberté, op. cit.*, p. 98.

19. Benny Lévy, *Le Meurtre du Pasteur, op. cit.*, p. 283.

20. *Ibid.*, p. 293.

21. Alain Finkielkraut et Benny Lévy, *Le Livre et les livres. Entretiens sur la laïcité*, Verdier, 2006, p. 73.

22. *Ibid.*, p. 57.

23. Sur ce point voir Bernard Sichère, « La dangereuse croisade de Jean-Claude Milner », *Esprit*, juin 2007.

24. Benny Lévy, *La Confusion des temps, op. cit.*, p. 48 et 17.

25. Voir Antoine Compagnon, *Les Antimodernes, de Joseph de Maistre à Roland Barthes*, Gallimard, 2005.

26. Commentant la parution simultanée des livres de Benny Lévy et de Jean-Claude Milner, François Noudelmann a parlé d'une « petite machine de guerre bicéphale lancée à la fois contre les universalistes bien-pensants et contre les islamo-progressistes » (« La question du nom juif », *Les Temps modernes*, avril-mai-juin 2004), tandis que Jacob Rogozinski évoquait « deux pièces complémentaires d'une unique machine de guerre » (« Retour au ghetto ? », *Esprit*, novembre 2004).

27. François Regnault, *Notre objet* a, Verdier, 2003, p. 12 et 17.

28. Cette citation et toutes celles qui la précèdent sont extraites de Jean-Claude Milner, *Les Penchants criminels de l'Europe démocratique*, Verdier, 2003, p. 130, 94 et 51.

29. Alain Finkielkraut, *Au nom de l'Autre. Réflexions sur l'antisémitisme qui vient*, Gallimard, 2003, p. 21-22.

30. Cité par Pierre Birnbaum *in La France aux Français. Histoire des haines nationalistes*, Seuil, 1993, p. 242.

31. *La Nation française*, 1er juin 1967.

32. Jean-Claude Milner, *Le Juif de savoir*, Grasset, 2006, p. 46 et 32.

33. Benny Lévy, *La Confusion des temps, op. cit.*, p. 20.

34. Alain Finkielkraut et Peter Sloterdijk, *Les Battements du monde*, Pauvert, 2003, p. 52.

35. Emmanuel Levinas, *Difficile liberté*, Le Livre de Poche, 1976, p. 153. Sur la morphogenèse de l'Occident comme espace de pensée, nous suivons ici Philippe Nemo, *Qu'est-ce que l'Occident ?*, PUF, 2004.

36. Charles Maurras, *Mes idées politiques*, Fayard, 1937, rééd. Albatros, 1986, p. 173.

37. Benny Lévy, *Être juif, op. cit.*, p. 34.

38. Voir Rémi Soulié, *Avec Benny Lévy*, Cerf, 2009.

39. Cette citation et toutes celles qui la précèdent sont extraites de Jean-Claude Milner, *Les Penchants criminels de l'Europe démocratique, op. cit.*, p. 96, 66, 86 et 97. Milner a souvent insisté sur le lien entre survie juive et puissance du « signifiant national ». Ainsi, pour expliquer le fait que beaucoup de Juifs français ont été sauvés sous l'Occupation, il rappelle en ces termes le rôle de la Résistance : « Disons que, à un moment donné et de façon plus active en France qu'ailleurs, le signifiant national a fonctionné. Directement ou indirectement. Il y a des gens qui ont dit : "Ça ne peut pas se passer comme ça, des Français ne peuvent pas laisser faire ça." » Au contraire, précise-t-il, la disparition du gaullisme et du PCF laisse la voie ouverte à l'idéologie européenne : « Le seul fait qu'à partir d'un certain moment le signifiant Europe a été mis au poste de commandement et que, dans un second temps, cela a été ouvertement au détriment des noms nationaux, pour la France, ça voulait dire : "Ceux qui ont protégé les Juifs, on n'en a rien à faire, ils n'existent pas, ils ne comptent pas." » Voir « L'Europe est-elle antisémite ? », entretien avec Jean-Claude Milner, propos recueillis par Cyril Veken, Marc Darmon et Jean-Jacques Tyszler, *Passages*, n° 132-133, 2004.

40. Sur le néoconservatisme américain, on lira Alain Frachon et Daniel Vernet, *L'Amérique messianique. Les guerres des néo-conservateurs*, Seuil, 2004 ; et Justin Vaïsse, *Histoire du néoconservatisme américain*, Odile Jacob, 2008.

41. Dans *La Haine de la démocratie*, La Fabrique, 2005, Jacques Rancière fait de Jean-Claude Milner et de Benny Lévy les symboles du « nouveau discours antidémocratique ». L'ensemble de cet essai se présente comme une réplique de Rancière aux thèses de ses anciens camarades maoïstes, qu'il considère comme « une version radicale de la guerre des civilisations ».

42. Jean-Claude Milner, *L'Arrogance du présent, op. cit.*, p. 37.

43. Éric Marty, *Bref séjour à Jérusalem*, Gallimard 2003, p. 76.

44. Jean-Claude Milner, *De l'école*, Seuil, 1984. Pierre Nora a montré que le mouvement maurrassien peut s'envisager comme « l'envers de la République », comme son complément intime. Voir « Les deux apogées de l'Action française », *Annales ESC*, janvier-février 1964.

45. Charles Maurras, *L'Avenir de l'intelligence*, 1905, rééd. Éditions Trident, 1988, p. 75.

46. Jean-Claude Milner, *Existe-t-il une vie intellectuelle en France ?*, Verdier, 2002, p. 27.

47. « Les penseurs des anti-Lumières n'ont jamais été des conservateurs, mais des révolutionnaires d'une nouvelle espèce », écrit Zeev Sternhell dans *Les Anti-Lumières*, Fayard, 2006, p. 271.

TABLE

DANS LA MÊME COLLECTION

Pour l'éditeur, le principe est d'utiliser des papiers composés de fibres naturelles, renouvelables, recyclables et fabriquées à partir de bois issus de forêts qui adoptent un système d'aménagement durable.

En outre, l'éditeur attend de ses fournisseurs de papier qu'ils s'inscrivent dans une démarche de certification environnementale reconnue.